世界武器大全系列丛书

# 世界军用车辆大全
## （图鉴版）

《深度军事》编委会 ◎ 编著

清华大学出版社
北京

## 内 容 简 介

本书是介绍世界军用车辆的军事科普图书,书中精心收录了二战以来世界各国设计制造的近两百种经典军用车辆,涵盖主战坦克、非主战坦克、自行火炮、履带式装甲车、轮式装甲车、非装甲车辆等类型,完整呈现了现代陆战和两栖作战的武器面貌。每种车辆都配有精美的整体鉴赏图和局部特写图,帮助读者了解车辆构造。为了增强图书的知识性和趣味性,部分车辆添加了一则趣味小知识,作为延伸阅读。

本书内容结构严谨,分析讲解透彻,图片精美丰富,适合广大军事爱好者阅读和收藏,也可以作为青少年的科普读物。

本书封面贴有清华大学出版社防伪标签,无标签者不得销售。
版权所有,侵权必究。举报:010-62782989,beiqinquan@tup.tsinghua.edu.cn。

### 图书在版编目(CIP)数据

世界军用车辆大全:图鉴版/《深度军事》编委会编著. —北京:清华大学出版社,2020.5(2024.5 重印)
(世界武器大全系列丛书)
ISBN 978-7-302-54263-6

Ⅰ.①世… Ⅱ.①深… Ⅲ.①军用车辆—世界—图集 Ⅳ.① E923-64

中国版本图书馆 CIP 数据核字(2019)第 271559 号

责任编辑:李玉萍
封面设计:李 坤
责任校对:张彦彬
责任印制:刘 菲

出版发行:清华大学出版社
    网　　址:https://www.tup.com.cn, https://www.wqxuetang.com
    地　　址:北京清华大学学研大厦 A 座　　邮　　编:100084
    社 总 机:010-83470000　　邮　　购:010-62786544
    投稿与读者服务:010-62776969,c-service@tup.tsinghua.edu.cn
    质 量 反 馈:010-62772015,zhiliang@tup.tsinghua.edu.cn
印 装 者:北京博海升彩色印刷有限公司
经　　销:全国新华书店
开　　本:146mm×210mm　　印　张:6.75　　字　数:172 千字
版　　次:2020 年 7 月第 1 版　　印　次:2024 年 5 月第 4 次印刷
定　　价:45.00 元

产品编号:084610-01

# 前言

在现代化三军中,陆军是最为古老的军种,从有军队存在开始就有陆军了。在战争中,陆军有着其他军种无法替代的作用。现代陆军是一个多兵种、多系统和多层次有机结合的整体,具有强大的火力、突击力和高度的机动能力。陆军既能独立作战,又能与其他军种联合作战。

陆军的作战能力除了有赖于良好的兵员素质,也要依靠性能优良的作战装备,而陆军作战装备里最重要的莫过于各类军用车辆,包括坦克、步兵战车、装甲运兵车、自行火炮、装甲侦察车、吉普车、战斗工程车、两栖运输车等。

坦克主要用来与敌方坦克或其他装甲车辆作战,也可以压制、消灭反坦克武器,摧毁工事,歼灭敌方陆上力量,素有"陆战之王"的美称。步兵战车是供步兵机动作战用的装甲战斗车辆,主要用于协同坦克作战,其任务是快速机动步兵分队,消灭敌方轻型装甲车辆、步兵反坦克火力点、有生力量和低空飞行目标。而装甲运兵车、自行火炮、装甲侦察车等军用车辆也都有各自的特点和使命,它们各司其职,在现代战争的舞台上大显身手。

本书是介绍世界军用车辆的军事科普图书,全书共分为7章,第1章简明扼要地介绍了军用车辆的发展历程、分类标准和未来发展趋势,其他各章分别介绍了二战以来世界各国设计制造的重要主战坦克、非主战坦克、自行火炮、履带式装甲车、轮式装甲车、非装甲车辆,基本涵盖了现代军队使用的主要车辆类型。通过阅读本书,读者可以全面认识这些陆战利器,并在一定程度上了解世界主要军事强国的军用车辆发展脉络和陆军实力。对于想要进一步学习军事知识的读者，本书还设有配套的电子书，读者可以使用手机扫码书中二维码，进行拓展阅读。

　　本书是真正面向军事爱好者的基础图书，编写团队拥有丰富的军事图书写作经验，并已出版了许多畅销全国的图书作品。与同类图书相比，本书不仅图文并茂，在资料来源上也更具权威性和准确性。同时，本书还拥有非常完善的售后服务，读者朋友可以通过电话、邮件、官方网站和微信公众号等多种途径提出您宝贵的意见和建议。

　　本书由《深度军事》编委会创作，参与编写的人员有阳晓瑜、陈利华、高丽秋、龚川、何海涛、贺强、胡姝婷、黄启华、黎安芝、黎琪、黎绍文、卢刚、罗于华等。对于广大资深军事爱好者，以及有意了解国防军事知识的青少年来说，本书不失为极有价值的科普读物。希望读者朋友们能够通过阅读本书，循序渐进地提高自己的军事素养。

# 目 录

## Chapter 01　军用车辆概述 ........................................ 1
军用车辆的历史 ............................................................ 2
军用车辆的分类 ............................................................ 6
军用车辆的未来 ............................................................ 7

## Chapter 02　主战坦克 ................................................ 9
美国 M60 "巴顿" 主战坦克 ...................................... 10
美国 M1 "艾布拉姆斯" 主战坦克 ........................... 11
俄罗斯 T-54/55 主战坦克 ........................................ 13
俄罗斯 T-62 主战坦克 .............................................. 14
俄罗斯 T-64 主战坦克 .............................................. 15
俄罗斯 T-72 主战坦克 .............................................. 16
俄罗斯 T-80 主战坦克 .............................................. 17
俄罗斯 T-90 主战坦克 .............................................. 18
俄罗斯 T-14 主战坦克 .............................................. 19
英国 "百夫长" 主战坦克 .......................................... 20
英国 "酋长" 主战坦克 .............................................. 21
英国 "维克斯" 主战坦克 .......................................... 22
英国 "挑战者 1" 主战坦克 ...................................... 23
英国 "挑战者 2" 主战坦克 ...................................... 24
法国 AMX-30 主战坦克 ............................................ 25
法国 AMX-56 "勒克莱尔" 主战坦克 ....................... 26
德国 "豹 1" 主战坦克 .............................................. 27
德国 "豹 2" 主战坦克 .............................................. 28

意大利 C1"公羊"主战坦克 .................................................. 29
以色列"梅卡瓦"主战坦克 .................................................. 30
瑞典 S 型主战坦克 .......................................................... 31
瑞士 Pz61 主战坦克 ......................................................... 32
西班牙"豹 2E"主战坦克 .................................................... 33
日本 90 式主战坦克 .......................................................... 34
日本 10 式主战坦克 .......................................................... 35
韩国 K1 主战坦克 ............................................................ 36
韩国 K2 主战坦克 ............................................................ 37
印度"阿琼"主战坦克 ....................................................... 38

# Chapter 03　非主战坦克 .................................................. 39

美国 M3"斯图亚特"轻型坦克 ............................................. 40
美国 M22"蝗虫"轻型坦克 ................................................. 41
美国 M24"霞飞"轻型坦克 ................................................. 42
美国 M41"华克猛犬"轻型坦克 ........................................... 43
美国 M551"谢里登"轻型坦克 ............................................. 44
美国 M2 中型坦克 ............................................................ 45
美国 M3"格兰特/李"中型坦克 ........................................... 46
美国 M4"谢尔曼"中型坦克 .............................................. 47
美国 M46"巴顿"中型坦克 ................................................. 48
美国 M47"巴顿"中型坦克 ................................................. 49
美国 M48"巴顿"中型坦克 ................................................. 50
美国 M26"潘兴"重型坦克 ................................................. 51
美国 M103 重型坦克 ........................................................ 52
俄罗斯 T-26 轻型坦克 ...................................................... 53
俄罗斯 T-60 轻型坦克 ...................................................... 54
俄罗斯 BT-7 轻型坦克 ...................................................... 55
俄罗斯 T-28 中型坦克 ...................................................... 56
俄罗斯 T-34 中型坦克 ...................................................... 57

俄罗斯 T-44 中型坦克 ..................................................58
俄罗斯 T-35 重型坦克 ..................................................59
俄罗斯 KV-1 重型坦克 .................................................60
俄罗斯 KV-2 重型坦克 .................................................61
俄罗斯 KV-85 重型坦克 ...............................................62
俄罗斯 IS-2 重型坦克 ..................................................63
俄罗斯 IS-3 重型坦克 ..................................................64
俄罗斯 T-10 重型坦克 .................................................65
英国维克斯 MK.E 轻型坦克 .......................................66
英国"瓦伦丁"步兵坦克 .............................................67
英国"蝎"式轻型坦克 .................................................68
英国"十字军"巡航坦克 .............................................69
英国"马蒂尔达"步兵坦克 .........................................70
英国"克伦威尔"巡航坦克 .........................................71
英国"彗星"巡航坦克 .................................................72
英国"谢尔曼萤火虫"中型坦克 .................................73
英国"丘吉尔"步兵坦克 .............................................74
英国"土龟"重型坦克 .................................................75
法国 FT-17 轻型坦克 .................................................76
法国 FCM 36 轻型坦克 ..............................................77
法国 AMX-13 轻型坦克 .............................................78
法国 S-35 中型坦克 ....................................................79
法国 Char B1 重型坦克 .............................................80
法国 ARL 44 重型坦克 ..............................................81
德国一号轻型坦克 ......................................................82
德国二号轻型坦克 ......................................................83
德国三号中型坦克 ......................................................84
德国四号中型坦克 ......................................................85
德国"豹"式中型坦克 .................................................86
德国"虎"式重型坦克 .................................................87

德国"虎王"重型坦克 ..... 88
德国"鼠"式重型坦克 ..... 89
意大利 M13/40 中型坦克 ..... 90
日本 97 式中型坦克 ..... 91

## Chapter 04　自行火炮　92

美国 M107 自行加农炮 ..... 93
美国 M109 自行榴弹炮 ..... 94
美国 M110 自行榴弹炮 ..... 95
美国 M142 自行火箭炮 ..... 96
美国 M270 自行火箭炮 ..... 97
俄罗斯 BM-13 自行火箭炮 ..... 98
俄罗斯 BM-21 自行火箭炮 ..... 99
俄罗斯 2S5 自行加农炮 ..... 100
俄罗斯 2S9 自行迫击炮 ..... 101
俄罗斯 2S19 自行榴弹炮 ..... 102
英国 AS-90 自行榴弹炮 ..... 103
法国 CAESAR 自行榴弹炮 ..... 104
德国 PzH 2000 自行榴弹炮 ..... 105
捷克斯洛伐克 RM-70 自行火箭炮 ..... 107
波兰 WR-40 自行火箭炮 ..... 108
韩国 K9 自行榴弹炮 ..... 109
日本 75 式自行榴弹炮 ..... 110
日本 87 式自行防空炮 ..... 111
日本 96 式自行迫击炮 ..... 112
日本 99 式自行榴弹炮 ..... 113

## Chapter 05　履带式装甲车　114

美国 M3 半履带装甲车 ..... 115
美国 M728 战斗工程车 ..... 116
美国 M113 装甲运兵车 ..... 117

美国 AIFV 步兵战车 ..................................................118
美国 M2"布雷德利"步兵战车 ..................................119
美国 LVTP-5 两栖装甲车 ........................................120
美国 AAV-7A1 两栖装甲车 ......................................121
美国 M9 装甲战斗推土机 ........................................123
俄罗斯 BMD-1 伞兵战车 ........................................124
俄罗斯 BMD-2 伞兵战车 ........................................125
俄罗斯 BMD-3 伞兵战车 ........................................126
俄罗斯 BMD-4 伞兵战车 ........................................127
俄罗斯 BMP-1 步兵战车 ........................................128
俄罗斯 BMP-2 步兵战车 ........................................129
俄罗斯 BMP-3 步兵战车 ........................................130
俄罗斯 IMR-2 战斗工程车 ......................................131
英国通用运载车 ......................................................132
英国"武士"步兵战车 ..............................................133
英国"风暴"装甲运兵车 ..........................................134
英国"弯刀"装甲侦察车 ..........................................135
法国 AMX-VCI 步兵战车 ........................................136
法国 AMX-10P 步兵战车 ........................................137
法国 AMX-30 战斗工程牵引车 ..............................138
德国"黄鼠狼"步兵战车 ..........................................139
德国"美洲狮"步兵战车 ..........................................140
德国"鼬鼠"空降战车 ..............................................141
意大利"达多"步兵战车 ..........................................142
以色列"阿奇扎里特"装甲运兵车 ..........................143
瑞典 CV-90 步兵战车 ............................................144
瑞典 Bv206 装甲全地形车 ....................................145
瑞典 BvS10 装甲全地形车 ....................................146
日本 60 式装甲运兵车 ..........................................147
日本 73 式装甲运兵车 ..........................................148

日本 89 式步兵战车 .................................................... 149
韩国 KIFV 步兵战车 .................................................... 150

# Chapter 06　轮式装甲车 ................................................ 151

美国 DUKW 两栖装甲车 ............................................... 152
美国 M3 装甲侦察车 .................................................... 153
美国 M8 轻型装甲车 .................................................... 154
美国 T17 装甲车 ........................................................... 155
美国 V-100 装甲车 ....................................................... 156
美国 LAV-25 装甲车 .................................................... 157
美国 M1117 装甲车 ...................................................... 158
美国"悍马"装甲车 ..................................................... 159
美国 L-ATV 装甲车 ..................................................... 160
美国"斯特赖克"装甲车 .............................................. 162
俄罗斯 BTR-60 装甲运兵车 ......................................... 163
俄罗斯 BTR-70 装甲运兵车 ......................................... 164
俄罗斯 BTR-80 装甲运兵车 ......................................... 165
俄罗斯 BTR-82 装甲运兵车 ......................................... 166
俄罗斯 BRDM-2 装甲车 ............................................... 167
俄罗斯"回旋镖"装甲运兵车 ...................................... 168
俄罗斯"虎"式装甲车 ................................................. 169
乌克兰 BTR-4 装甲运兵车 .......................................... 170
英国"撒拉森"装甲车 ................................................. 171
英国"豺狼"装甲车 ..................................................... 172
法国 VAB 装甲车 ......................................................... 173
法国 AMX-10RC 装甲车 .............................................. 174
法国 VBL 装甲车 ......................................................... 175
法国 VBCI 步兵战车 ................................................... 176
德国"野犬"全方位防护运输车 .................................. 177
德国"拳师犬"装甲运兵车 .......................................... 178

意大利 VBTP-MR 装甲车 ...... 179
瑞士"食人鱼"装甲车 ...... 180
芬兰 XA-188 装甲输送车 ...... 181
荷兰 YP-408 装甲输送车 ...... 182
南非"大山猫"装甲车 ...... 183
南非 RG-31 防地雷反伏击车 ...... 184
南非 RG-35 防地雷反伏击车 ...... 185
巴西 EE-11 装甲输送车 ...... 186
日本高机动车 ...... 187
日本 96 式装甲运兵车 ...... 188

## Chapter 07　非装甲车辆 ...... 189

美国 GPA 两栖吉普车 ...... 190
美国 LARC-V 两栖运输车 ...... 191
美国重型增程机动战术卡车 ...... 192
美国 M1070 重型装备运输卡车 ...... 193
俄罗斯乌拉尔 4320 卡车 ...... 194
英国"平茨高尔"高机动性全地形车 ...... 195
英国"卫士"越野车 ...... 196
英国"狼"式越野车 ...... 197
德国乌尼莫克 U4000 卡车 ...... 199
日本 73 式大型卡车 ...... 200
日本 73 式吉普车 ...... 201

**参考文献** ...... 202

德国"豹2"主战坦克

# Chapter 01
# 军用车辆概述

军用车辆是军队的重要装备之一,是军队战斗力中机动能力的重要组成部分,是顺利完成后勤服务的物质基础。

## 军用车辆的历史

自古以来，人类就希望制造一种自己运动的车辆。利用风力作动力的车是人类向车辆自动行驶方面迈进的一个重要里程碑。1600年，荷兰数学家西蒙•斯蒂文（Simon Stevin）制造出双桅风车，借助风力最高车速可达24千米/时。不过，发动机的问世才是汽车诞生的基本条件。

1711年，英国铁匠托马斯•纽科门（Thomas Newcomen）发明了大气蒸汽机。1765年，英国格拉斯戈大学的工人詹姆斯•瓦特（James Watt）改进了托马斯•纽科门的蒸汽机，研制出世界上第一台实用的蒸汽发动机，实现了作业机和动力机的结合。到1784年，蒸汽机开始大规模生产，并在世界各国广泛应用。

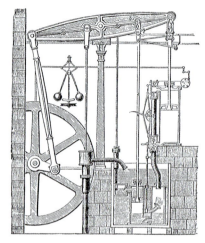

詹姆斯•瓦特蒸汽机示意图

自此，人类进入蒸汽机时代，交通运输业进一步发展。

1769年，法国工程师尼古拉斯•居纽利用蒸汽机制造出世界上第一辆无须人畜推拉、使用蒸汽机作动力驱动车辆的三轮车，它是汽车发展史上的一个里程碑。虽然这辆蒸汽机汽车的速度只有4千米/时，而且控制系统和操作系统都不完善，但法国和英国的汽车俱乐部都一致认为这是世界上第一辆汽车。

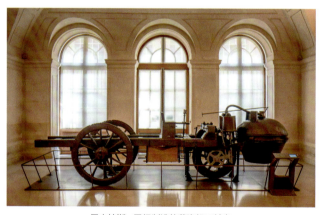

尼古拉斯•居纽制造的蒸汽机三轮车

## Chapter 01 军用车辆概述

1859年，美国人多利克发现了石油并加以开采。1874年，美国人扬格发现了利用蒸馏法提取易燃烧的汽油，其热值比煤气要高一倍。1859年，比利时工程师埃特尼·勒努瓦（Etienne Lenoir）发明了让燃料在发动机内部燃烧的内燃机，因为造价高而没能商业化推广。

1862年，法国人德·罗夏斯提出了四冲程内燃机原理。1876年由德国人尼古拉斯·奥古斯特·奥托和尤金·兰根（Eugen Langen）依据四冲程工作原理，首创四冲程活塞循环，共同设计并制造出较为经济的四冲程往复式活塞内燃机，它与现代内燃机的原理很接近，是第一台能代替蒸汽机的实用内燃机。

1885年，德国人威尔赫姆·迈巴赫（Wilhelm Maybach）获得第一个发动机专利。由于轻便和操作简单的内燃机的出现，完全改变了汽车的动力状况。

1886年，德国工程师卡尔·本茨（Kar Benz）和戈特里布·戴姆勒（Geottlieb Daimler）相继发明了汽车。卡尔·本茨采用木料制造的三轮汽车是世界上公认的第一辆真正投入使用的汽车，他把自制的内燃机安置在一辆三轮马车前后轮之间的车体上，从

威尔霍姆·迈巴赫

而研制出第一辆商业的无马车辆——三轮汽车，它以18千米/时的速度走出了世界汽车史上的第一步。1886年1月29日，卡尔·本茨在德国取得汽车专利证，这一天被国际汽车界确定为汽车的诞生日。

1889年，法国工程师雷内·庞阿德（Rene Panherd）和埃米尔·莱瓦索（Emile Lovassor）在巴黎世界博览会上结识了戈特里布·戴姆勒，从此开始了他们对汽车技术的探索。1891年，埃米尔·莱瓦索将汽车重新设计，使装在底盘前部的发动机通过离合器、变速器，用链条驱动后轮，从而使汽车脱离马车的设计，奠定了现代汽车的设计雏形，从此揭开了汽车时代的序幕。后来雷内·庞阿德在驾驶室前方加装了挡风玻璃，并设计了后备厢和车篷。

1895年，莱瓦索驾驶自己设计的汽车，

卡尔·本茨制造的三轮汽车

以24千米/时的速度，从巴黎开到波尔多，全程1160千米，沿途向人们展示了汽

车的魅力，使汽车广为人知。同年，法国科学院正式把这种乘人的车辆定名为"汽车"（AutoMobile），该词源自希腊文的 Auto（自己）和拉丁文的 Mobile（运动），即自己运动的车辆。1902 年，荷兰人斯巴依卡兄弟研制出第一辆真正投入使用的 4×4 型汽车，该车采用 4 缸水冷发动机。

汽车问世不久，即被军事家列为常备武器之一。1911—1912 年，意土战争中，意大利人首次使用了装有汽油发动机的汽车。一战爆发前，各国军队只有少量的运输车，且均为民用汽车，其越野能力、可靠性、牵引能力等都是十分有限的。在前线最初的几次战斗中显示了军用车辆的巨大作用，各国纷纷购买或征用民用汽车作军队军需物资的运输。到 1918 年，法军有 92 000 辆汽车，英军有 76 000 辆，德军有 59 000 辆。

二战大大地加快了各国军用车辆的发展速度。战争期间，汽车开始大量装备军队，当时的军用车辆大多是利用民用车辆拼凑、改进而成。这方面的改进主要有：将 4×2 型和 6×4 型民用汽车改为 4×4 型和 6×6 型；提高了汽车发动机的功率；加强了汽车的越野能力；改进了汽车的灯光；汽车喷涂橄榄绿。除了结构上的改进，汽车的用途也扩大了，它除了用作军队后勤运输车使用外，还用作指挥、联络、通信、牵引火炮、运载武器以及其他工程作业车辆。

不过，当时对于汽车的军用要求不是很明确，有些要求则限于条件而无法实现。除了一些机动性能较高的 4×4 型轻型越野汽车外，大多数 4×4 型和 6×6 型汽车的后桥往往还是采用双胎，越野载重不超过 5 吨，越野性能也不是很理想。

二战期间美国制造的 M3 半履带装甲车

## Chapter 01 军用车辆概述

二战后，各国鉴于战时军用车辆的缺点，开始着手改进，并发展了新一代军用车辆。这一时期军用车辆技术发展的主要特点是：越野汽车成为发展的重点，越野汽车的越野性能和载重量有所提高，前后桥普遍采用单胎，开始采用低压轮胎和轮胎充放气系统，并发展了 8×8 型重型越野汽车。此外提高了军用车辆的地区适应性，在汽车的设计和材料等方面均有了较大的进展。

20世纪70~80年代，各国均发展了新一代军用车辆。这一时期军用车辆技术发展的主要特点是：可靠性、可维修性及机动性均有较大提高；发动机功率有所增加，除1吨以下车型外普遍采用柴油发动机；轮胎中央充放气系统得到进一步发展；载重量普遍增加。

进入20世纪90年代以后，由于苏联的解体和海湾战争，各军事强国都在着手重新制定本国的军事与国防科技战略，并着手对国防科技工业进行调整与改革，对现有的军用车辆进行了改进和更新，并发展了一些新型军用车辆。这一时期，先进的电子技术和计算机控制技术在军用车辆上开始应用，主要体现在电喷柴油发动机、电子控制的自动变速箱、ABS/ASR系统、自动化轮胎中央充放气系统、电液后桥转向系统、状态检测/故障诊断系统。

时至今日，军用车辆仍在不断发展，在现代军队中发挥的作用也越来越大。军用车辆不仅能向战区输送兵员、军械、弹药、油料、医药和生活用品等，而且还可以直接参与战争，牵引各种火炮，运输、发射导弹和火箭，打击目标，并且机动灵活地转移。

德国"美洲狮"步兵战车

# 军用车辆的分类

军用车辆一般分为履带式车辆和轮式车辆两大类,根据防护性可以分为装甲车辆和非装甲车辆。履带可以将车辆的重量平均分散在地面,防止车辆沉入地面,履带表面可完整贴于地面,抓地力极强,因此可在较恶劣的地表行驶,其爬坡性能、越野性能、通行性能等远优于轮式车辆。不过,轮式车辆在公路上的最高时速则远远高于履带式车辆。此外,轮式车辆的造价通常也大大低于履带式车辆。

坦克也是履带式装甲车辆的一种,但是在习惯上通常因作战用途另外独立分类,而装甲车辆多半是指防护力与火力较坦克弱的车种。装甲车辆的特性为具有高度的越野机动性能,有一定的防护和火力,为了增强防护和方便成员下车战斗,多采用前置动力装置方案。大多数装甲车辆可以在水上行驶,可以执行运输、侦察、指挥、救护、伴随坦克及步兵作战等多种任务,还有执行专门任务的装甲车辆,如装甲回收车、装甲指挥车、装甲扫雷车、装甲架桥车等。

德国"豹2"主战坦克

美国M2"布雷德利"步兵战车

非装甲车辆大多是轮式车辆,用于执行危险性相对较低的任务。轮式非装甲车辆按驱动方式可以分为全轮驱动型和多轮驱动型,如4×4、6×6、8×8、4×2、6×4、8×4等,按车型可以分为小汽车、大客车、卡车、牵引车、自卸车、油罐车、厢式车、特种车等,按载重量可分为轻型汽车、中型汽车和重型汽车,按机动性可分为战略机动性车辆和战术机动性车辆。

俄罗斯乌拉尔4320卡车

## 军用车辆的未来

现代战场对军用车辆的要求越来越高，除了具有较高的越野能力外，还要求它能适应热带、寒冷地区、高原和沙漠等不同环境和气候，以及具有一定的防核武器、化学武器和生物武器的能力。为了更好地完成各类作战任务，各国的军用车辆几乎都在朝以下六个方面发展。

### （1）追求轻量化

未来陆军应对的城市作战、反恐、防暴、维和等快速机动作战和低强度作战将越来越多，而反应和部署速度更快的轻型装甲车辆必将在其中发挥举足轻重的作用。正因为如此，轮式装甲车才以其更快的反应速度、更便捷的部署和更灵活的行动等优势被各国重新重视起来。未来不论是履带式还是轮式装甲车辆，轻量化都将是一大重要发展趋势。轻量化还便于在必要时空运，提高战略机动性。

### （2）使用大功率推进系统

推进系统主要包括动力和传动装置，当前以德国MTU 890系列为代表的高功率密度发动机已经投入使用，未来更先进的高功率密度发动机也正在研制，与之相应的是各种大功率传动装置的研制成功。在不远的将来，军用车辆可以通过高战术机动性快速改变行驶速度和路线，从而具备规避直瞄武器攻击的能力。

### （3）配备先进信息系统

军用车辆配备先进的信息系统将使战场单向透明，使部队高效、合理地作战。同时，拥有信息优势就可以在战斗时选择有利的方式迎敌，扬长避短，这样等同于提高了军用车辆的防护能力。未来的火控系统要进一步与信息系统整合，实现一体化，另外对于友方暂时无法摧毁的目标可以及时向指挥中心反应，以便呼叫炮火或空中支援。

### （4）作战任务专业化

未来军用车辆应该是在一种底盘的基础上发展而来的车族，不同的任务可以选择不同的车辆去完成，用专业化的装备执行特定的任务，任务完成的效率会大大提升。由于底盘的通用化，后勤保障也更加轻松，各种衍生车型所搭载的设备也便于维修。如此一来，也有助于提高地面部队的推进速度。

### (5) 强调主动防护

未来军用车辆的整体防护更多的是由非装甲因素保证的，这些因素包括主动防护系统、信息化、高机动性和火力。目前，主动防护系统的发展势头较强，可以拦截的目标也越来越多，未来将会出现可以拦截空射制导武器的系统，军用车辆的生存能力将大大加强。

### (6) 引入新概念装备

目前，一些新概念装备（如电磁炮、电化学炮、电磁装甲等）已经进入实验阶段。未来还会出现许多新装备、新战法，只要是效费比合理，有助于取得战斗的胜利，都可以在战场上一试身手。

美国正在研发的多用途装甲车（AMPV）

# Chapter 02

# 主 战 坦 克

　　主战坦克是具有对敌军进行积极、正面攻击能力的坦克，越野性能、火力、防御实现最佳平衡。它的火力和装甲防护力，达到或超过以往重型坦克的水平，同时又具有中型坦克越野性好的特点，是现代装甲兵的基本装备和地面作战的主要突击兵器。

# 美国 M60 "巴顿" 主战坦克

M60 "巴顿" (Patton) 主战坦克是美国陆军第四代也是最后一代 "巴顿" 坦克，同时也是美国第一种严格意义上的主战坦克。

履带特写

炮塔特写

| 基本参数 | |
|---|---|
| 长度 | 6.94 米 |
| 宽度 | 3.6 米 |
| 高度 | 3.2 米 |
| 重量 | 46 吨 |
| 最大速度 | 48 千米/时 |
| 相关简介 | |

## 研发历史

1956 年，为了对抗苏联研制的 T-54 主战坦克，美国以 M48A2 坦克为基础研制新一代坦克，代号为 XM60。1957 年夏季，3 辆 XM60 原型车开始测试。随后美军于 1958 年 10 月至 11 月期间进行了坦克武器选型试验。最后，由英国 L7A1 线膛炮的身管和美国 T254EI 炮尾组合而成的 105 毫米 M68 线膛炮被选作 XM60 的主要武器。XM60 原型车在进行全面测试后，于 1959 年 3 月正式定型为 M60 "巴顿" 主战坦克。

## 实战性能

M60 坦克安装的 1 门 105 毫米线膛炮采用液压操纵，并配有炮管抽气装置，最大射速可达 6~8 发/分。该炮可使用脱壳穿甲弹、榴弹、破甲弹、碎甲弹和发烟弹在内的多重弹药，全车载弹 63 发。M60 坦克的辅助武器为 1 挺 12.7 毫米防空机枪和 1 挺 7.62 毫米并列机枪，分别备弹 900 发和 5 950 发。此外，炮塔两侧各装有 1 组六联装烟幕弹/榴弹发射器。

### 趣味小知识

M60 坦克的车体前部可以安装 M9 推土铲，用于准备发射阵地或清理障碍。

## Chapter 02　主战坦克

# 美国 M1 "艾布拉姆斯" 主战坦克

M1 "艾布拉姆斯"（Abrams）坦克是美国陆军和海军陆战队的现役主战坦克，1980 年开始装备美国陆军，之后逐渐诞生了 M1A1、M1A2 等改进型。

### ▶ 研发历史

M1 主战坦克源于 20 世纪 60 年代美国和德国的 MBT-70 坦克研制计划，MBT-70 计划流产后，美国便以 MBT-70 计划积累的技术继续研发。原型车于 1976 年制造完成，经过三年的测试后开始量产，并于 1980 年装备美国陆军，之后逐渐对该坦克进行改进，诞生了 M1A1、M1A2、M1A2 SEP、M1A2 TUSK 等改良型号。除美国外，澳大利亚、伊拉克、科威特、埃及和沙特阿拉伯等国也有采用。

| 基本参数 | |
|---|---|
| 长度 | 9.78 米 |
| 宽度 | 3.64 米 |
| 高度 | 2.43 米 |
| 重量 | 63 吨 |
| 最大速度 | 72 千米/时 |
| 相关简介 | |

### ▶ 实战性能

M1 坦克的炮塔本体为钢板焊接制造，构型低矮而庞大，装甲厚度从 12.5 毫米到 125 毫米不等，正面与侧面都设有倾斜角度来增加防护能力，故避弹能力大为增加。全车除了三个铸造部件外，其余部位都采用钢板焊接而成。此外，车头与炮塔正面加装了陶瓷复合装甲。M1 坦克的初期型号使用 1 门 105 毫米线膛炮，从 M1A1 开始改用了德国莱茵金属公司的 120 毫米 M256 滑膛炮。辅助武器为 1 挺 12.7 毫米机枪和 2 挺 7.62 毫米并列机枪，炮塔两侧还安装有八联装 L8A1 烟幕榴弹发射器。

主炮特写

履带特写

美国陆军 M1 坦克在泥泞路面行驶

### 趣味小知识

M1 坦克的命名由来是前任美国陆军参谋长、第 37 装甲团指挥官和驻越美军司令官的克雷顿·艾布拉姆斯陆军上将。

# 俄罗斯 T-54/55 主战坦克

T-54/55 主战坦克是苏联于 20 世纪 40 年代后期开始生产的主战坦克,也是全球有史以来产量最大的坦克,总产量约 10 万辆。

炮塔内部特写

炮塔外部特写

| 基本参数 | |
|---|---|
| 长度 | 6.45 米 |
| 宽度 | 3.37 米 |
| 高度 | 2.4 米 |
| 重量 | 39.7 吨 |
| 最大速度 | 55 千米/时 |
| 相关简介 | |

## 研发历史

T-54 坦克的最初设计开始于 1944 年 10 月,原型设计于当年 12 月便告完成,原型车也于 1945 年 2 月制造出来,并在之后的两个月里进行了测试,通过测试后被苏联军方定名为 T-54 坦克。虽然 T-54 坦克仍然存在很多问题和缺陷,但仍然在 1946 年 4 月正式服役。T-54 坦克服役后经过了多次改进,于 1958 年推出了 T-55 坦克。T-55 坦克从本质上来讲只是 T-54 坦克的一个改型,但当时苏联出于政治方面的考虑为它赋予了全新的编号。

## 实战性能

T-54/55 坦克的主炮是 1 门 100 毫米 D-10 型线膛炮,平均射速为 4 发/分。辅助武器为 2 挺 7.62 毫米机枪和 1 挺 12.7 毫米高射机枪,弹药基数分别为 3 000 发和 500 发。该坦克的机械结构简单可靠,与西方坦克相比更易操作,对乘员操作水平的要求也更低。不过,T-54/55 坦克也有一些致命的弱点,如较小的体型牺牲了内部空间以及成员的舒适性。炮塔太矮,使炮塔最大俯角仅为 5 度(西方坦克多为 10 度),对于山地作战常无能为力。

## 俄罗斯 T-62 主战坦克

T-62 主战坦克是苏联继 T-54/55 主战坦克后于 20 世纪 50 年代末发展的主战坦克,其 115 毫米滑膛炮是世界上第一种实用的滑膛坦克炮。

| 基本参数 | |
|---|---|
| 长度 | 9.34 米 |
| 宽度 | 3.3 米 |
| 高度 | 2.4 米 |
| 重量 | 40 吨 |
| 最大速度 | 50 千米/时 |
| 相关简介 | |

炮塔外部特写

附加装甲特写

### 研发历史

20 世纪 50 年代中期以后,苏军发现本国主战坦克已难以对付美制 M48 "巴顿"坦克,而西方坦克却能在正常距离上击穿 T-55 坦克。因此,苏联着手研制了 T-62 主战坦克。该坦克于 1962 年定型,1964 年开始批量生产,一直持续到 20 世纪 70 年代末。为满足军火市场的大量需求,苏联还准许捷克斯洛伐克生产 T-62 坦克。

### 实战性能

T-62 坦克的车体装甲厚度与 T-55 坦克基本相同,但为了减轻车重,车体顶后、底中和尾下等部位的装甲厚度有所减薄,同时采取特殊的冲压筋或加强筋等措施提高刚度。该坦克的主炮是 1 门 2A20 式 115 毫米滑膛坦克炮,弹药基数为 40 发。辅助武器是 1 挺 TM-485 式 7.62 毫米并列机枪,供弹方式为 250 发弹箱。后期生产的 T-62 坦克还装有 1 挺 12.7 毫米高射机枪,安装在装填手舱外由装填手在车外操作。

> **趣味小知识**
> 
> T-62 坦克曾大量用于 1973 年中东战争,从实战中暴露出射击速度慢、火炮俯角小等问题。

## 俄罗斯 T-64 主战坦克

T-64 坦克是苏联在 20 世纪 60 年代研发的主战坦克，总产量约 1.3 万辆。尽管 T-64 坦克不像 T-72 坦克那样被多个国家装备和发展，但却为苏联日后的现代化坦克打下了坚实的基础。

履带特写

炮塔外部特写

| 基本参数 | |
|---|---|
| 长度 | 9.23 米 |
| 宽度 | 3.42 米 |
| 高度 | 2.17 米 |
| 重量 | 38 吨 |
| 最大速度 | 60.5 千米/时 |
| 相关简介 | |

### 研发历史

20 世纪 50 年代末，在 T-62 主战坦克还没量产的时候，苏联就已经启动下一代坦克的研制工作。1958 年，430 号坦克试验项目开始。与当时苏军现役的 T-55 坦克相比，430 号项目试验车并没有明显优势，只能继续改进，并把现有的研究成果转入 432 号项目。432 号项目最终成品在 1962 年 9 月完成，次年 10 月投产。1966 年 12 月，432 项目产品正式进入苏军服役，并命名为 T-64 主战坦克。由于价格较高，而且结构复杂，因此 T-64 系列产量不大，远远小于结构简单、易于维护的 T-72 坦克。

### 实战性能

T-64 坦克装备 1 门使用分体炮弹和自动供弹的 115 毫米 2A21 滑膛炮（后升级为 125 毫米 2A26 型），让坦克不再需要专职装填手（副炮手），使乘员从 4 名减少到 3 名，有利于减少坦克体积和重量。1 门 125 毫米 2A26 火炮可发射尾翼稳定脱壳穿甲弹、尾翼稳定榴弹和空心装药破甲弹，还可以发射 9M112 型炮射导弹。该坦克的辅助武器包括 1 挺安装在火炮右侧的 7.62 毫米并列机枪和 1 挺装在车长指挥塔外的 12.7 毫米高射机枪，分别备弹 2 000 发和 300 发。

## 俄罗斯 T-72 主战坦克

T-72 坦克是苏联在 T-64 坦克的基础上研制而成的一款主战坦克，是一种产量极大、使用国家众多的主战坦克，总产量超过 2.5 万辆。

炮塔外部特写

履带特写

| 基本参数 | |
|---|---|
| 长度 | 6.9 米 |
| 宽度 | 3.36 米 |
| 高度 | 2.9 米 |
| 重量 | 46.5 吨 |
| 最大速度 | 80 千米/时 |
| 相关简介 | |

### 研发历史

在 T-64 坦克量产之后，苏联便着手研发另一种造价低廉且性能相近的坦克，以大量配发给苏军坦克部队，并外销给盟国，取代老旧、性能落伍的 T-55 坦克与 T-62 坦克。经过数年的研发后，T-72 坦克诞生了。1973 年，T-72 坦克正式服役。除苏联和后继的俄罗斯外，阿尔及利亚、捷克、印度、伊朗、保加利亚、也门、叙利亚、波兰、摩洛哥、马其顿、匈牙利、阿塞拜疆、亚美尼亚等国也有装备。

### 实战性能

T-72 坦克的重点部位采用了复合装甲，最厚处达 200 毫米，装甲板的中间为类似玻璃纤维的材料，外面为均质钢板。该坦克的主炮是 1 门 125 毫米 2A46 滑膛炮，可发射包括尾翼稳定脱壳穿甲弹、破甲弹以及反坦克导弹在内的多种弹药。辅助武器为 1 挺 7.62 毫米口径同轴机枪和 1 挺 12.7 毫米防空机枪，在坦克炮塔两边还装有多联装烟幕弹发射器。T-72 坦克的火控系统较差，在远距离上的命中精度不太理想，特别是发射反坦克导弹时，需要停车状态才能进行导引。

#### 趣味小知识

T-72 坦克具备一定的涉水能力，其潜渡设备由进气管、密封盖、排气阀、导航仪、排水泵等部件组成。

## Chapter 02　主战坦克

# 俄罗斯 T-80 主战坦克

T-80 坦克是苏联在 T-64 坦克基础上研制的主战坦克，它是历史上第一款量产的全燃气涡轮动力主战坦克，外号"飞行坦克"。

车长位置特写

炮手位置特写

| 基本参数 | |
|---|---|
| 长度 | 9.72 米 |
| 宽度 | 3.56 米 |
| 高度 | 2.74 米 |
| 重量 | 46 吨 |
| 最大速度 | 65 千米/时 |
| 相关简介 | |

## ★ 研发历史

20 世纪 60 年代末，苏联就在 T-64 坦克的基础上开始了 T-80 主战坦克的研制工作。该坦克于 1968 年立项，1976 年定型并装备部队。在 T-80 坦克投入量产的同时，T-64 坦克的最新型号、能发射炮射导弹和安装反应装甲的 T-64B 也开始生产了。因此，T-80 坦克产量并不大。由于 T-80 的研发生产单位分布在俄罗斯和乌克兰，因此苏联解体后两国独立继续发展 T-80 系列，并衍生出 T-80U（俄罗斯）、T-84（乌克兰）等新型号。

## ★ 实战性能

T-80 坦克的车体正面采用复合装甲，前上装甲板由多层组成，外层为钢板，中间层为玻璃纤维和钢板，内衬层为非金属材料。该坦克的主炮是 1 门与 T-72 坦克相同的 125 毫米 2A46 滑膛炮，既可发射普通炮弹，也可发射反坦克导弹，炮管上装有热护套和抽气装置。主炮右边安装有 1 挺 7.62 毫米并列机枪，在车长指挥塔上配有 1 挺 HCBT 式 12.7 毫米高射机枪。T-80 坦克的火控系统比 T-64 坦克有所改进，主要是装有激光测距仪和弹道计算机等先进的火控部件。

### 趣味小知识

T-80 坦克第一次在战场展示实力是 20 世纪 90 年代初的第一次车臣战争。由于这场战争中 T-80 坦克被用于其不擅长的城市作战，因此这次亮相并不成功，而攻打格罗兹尼更成了 T-80 坦克的噩梦。

# 俄罗斯 T-90 主战坦克

T-90 坦克是俄罗斯于 20 世纪 90 年代研制的一款主战坦克,1995 年开始服役,主要装备俄罗斯军队和印度军队,阿尔及利亚、沙特阿拉伯、塞浦路斯和土库曼斯坦等国也有采用。

负重轮特写

潜望镜特写

| 基本参数 | |
| --- | --- |
| 长度 | 9.53 米 |
| 宽度 | 3.78 米 |
| 高度 | 2.22 米 |
| 重量 | 46.5 吨 |
| 最大速度 | 65 千米/时 |
| 相关简介 | |

## 研发历史

T-90 主战坦克于 20 世纪 90 年代初开始研制,最初是作为 T-72 主战坦克的一种改进型,代号为 T-72BY。由于使用了 T-80 主战坦克的部分先进技术,性能有很大提升,于是重新命名为 T-90 主战坦克。其命名延续了俄罗斯其他坦克的命名方式,即 T 加数字。目前,T-90 坦克有 T-90A、T-90E、T-90S 和 T-90SK 等多种衍生型号。

## 实战性能

T-90 坦克安装有 1 门 125 毫米 2A46M 滑膛炮,并配有自动装填机。该炮可以发射多种弹药,包括尾翼稳定脱壳穿甲弹、破甲弹和杀伤榴弹,为了弥补火控系统与西方国家的差距,还可发射 AT-11 反坦克导弹。AT-11 导弹在 5 000 米距离上的穿甲厚度可达 850 毫米,而且还能攻击直升机等低空目标。T-90 坦克的辅助武器为 1 挺 7.62 毫米并列机枪和 1 挺 12.7 毫米高射机枪,其中 7.62 毫米并列机枪一次可装弹 250 发,备弹 7 000 发,12.7 毫米高射机枪备弹 300 发。

### 趣味小知识

T-90 坦克可以越过 2.8 米宽的壕沟和 0.85 米高的垂直矮墙,并能通过深达 1.2 米的水域,在经过短时间准备之后,涉水深度可达 5 米。

Chapter 02　主战坦克

## 俄罗斯 T-14 主战坦克

T-14 主战坦克是俄罗斯基于新型履带通用平台"阿玛塔重型履带通用平台"为基础研发的一款主战坦克，尚未正式服役。

前端反应装甲块特写

车尾栅栏式装甲特写

| 基本参数 | |
|---|---|
| 车身长度 | 8.7 米 |
| 车身宽度 | 3.5 米 |
| 车身高度 | 3.3 米 |
| 重量 | 48 吨 |
| 最大速度 | 90 千米/时 |
| 相关简介 |  |

### 研发历史

2009 年，俄罗斯乌拉尔研发与生产公司开始了阿玛塔重型履带通用平台的研发工作。阿玛塔重型履带通用平台包括了 T-14 主战坦克、T-15 步兵战车、BM-2 火箭炮、2S35 自行火炮、T-16 装甲维修车。2013 年，阿玛塔样车在俄罗斯西部的下塔吉尔展出。每辆 T-14 坦克的造价约为 380 万美元，原计划于 2020 年正式服役。然而，俄罗斯副总理于 2018 年 7 月对外表示，因为经济上的考量，俄罗斯不会大量生产 T-14 坦克，而是升级现有的主战坦克。

### 实战性能

T-14 坦克使用的装甲除了"孔雀石"反应装甲，同时也有主动防御系统，此系统包含有毫米波雷达，使 T-14 坦克能探测、追踪及拦截从任何方位来袭的反坦克攻击。该坦克的主炮是 1 门新式的 2A82 型 125 毫米滑膛炮，可以使用各种俄罗斯制式 125 毫米炮弹。与以往最大的不同在于，新型炮管没有装置排烟筒，因为是无人炮塔设计，因此不需要排烟，使得炮管结构可以造得更强，承受更大的膛压，在不增加口径的情况下获得更大的威力。辅助武器为 12.7 毫米 Kord 重机枪和 7.62 毫米 PK 通用机枪，均可遥控操作。

#### 趣味小知识

T-14 坦克由于人员已经借由装甲与炮塔栏分开配置，即使弹药受攻击发生诱爆，也能比以往坦克有更好的人员幸存率。

## 英国"百夫长"主战坦克

"百夫长"(Centurion)坦克是英国在二战末期研制的主战坦克,但未能参与实战。二战结束后,"百夫长"坦克持续生产并在英国陆军服役。

尾部特写

炮塔外部特写

### 基本参数

| | |
|---|---|
| 长度 | 9.8米 |
| 宽度 | 3.38米 |
| 高度 | 3.01米 |
| 重量 | 52吨 |
| 最大速度 | 35千米/时 |
| 相关简介 | |

### 研发历史

"百夫长"坦克的研发工作可以追溯到1943年,当时英国坦克设计局被要求设计和制造一种新的重型巡航坦克。1945年4月,6辆原型车交付英军。英国陆军决定直接把它们配备给装甲部队,以便参加德国境内的战斗,在战斗环境下接受检验。由于战争已接近尾声,英国人的实战检验计划落空,但英国陆军仍然决定让新坦克在欧洲大陆接受长途行军等项目的测试。1945年,通过检验的新坦克开始批量生产,军用编号为"百夫长"MK 1型。除英国外,"百夫长"坦克还出口到埃及、以色列、伊拉克、印度、加拿大、丹麦、荷兰、南非、瑞典、瑞士和澳大利亚等国。

### 实战性能

"百夫长"MK 1和MK 2型安装有1门77毫米火炮,MK 3型和MK 4型改为1门带抽气装置的83.4毫米火炮,携弹65发。从MK5型开始换装了105毫米L-7线膛炮,发射碎甲弹时的有效射程为4千米,训练有素的炮长和装填手可使射速达到10发/分。该坦克的辅助武器为1挺7.62毫米机枪,后期型号增加了1挺12.7毫米机枪。初期制造的"百夫长"坦克火控设备简单,直到20世纪60年代许多英国"百夫长"坦克才补装了红外驾驶灯、在火炮左侧安装了主动红外探照灯、车长和炮长还装有红外瞄准镜。

## 英国"酋长"主战坦克

"酋长"(Chieftain)坦克是英国于20世纪50年代末研制的一款主战坦克,曾被英国、伊朗、伊拉克和约旦等国使用,目前仍有一部分在服役。

车底装甲特写

托带轮特写

| 基本参数 | |
|---|---|
| 长度 | 7.5米 |
| 宽度 | 3.5米 |
| 高度 | 2.9米 |
| 重量 | 54吨 |
| 最大速度 | 48千米/时 |
| 相关简介 | |

### 研发历史

20世纪50年代初期,英国陆军打算发展新一代的主战坦克来取代"百夫长"坦克,研发工作由先前设计"百夫长"Mk 7型的里兰德汽车公司负责。1956年,里兰德汽车公司制造了3辆称为FV4202的样车。该样车与早期"百夫长"坦克有些相似,但仅有5对负重轮,采用无防盾型炮塔,驾驶椅后倾,因而车体高度较矮。1958年,英国陆军正式下达了设计"酋长"主战坦克的任务书。里兰德汽车公司在1959年初制成第一个1∶1的木模型,到年底造出第一辆样车。1961年,"酋长"坦克首次公开展出。

### 实战性能

"酋长"坦克的车体装甲厚度为90毫米,炮塔正面装甲厚度为150毫米。炮塔正面有大角度的倾斜造型,避弹能力颇佳。该坦克的主要武器是1门L11A5式120毫米线膛炮,这也是英国主战坦克的特色(其他国家通常都采用法国地面武器系统公司或德国莱茵金属公司的滑膛炮)。该炮采用垂直滑动炮闩,炮管上装有抽气装置和热护套,炮口上装有校正装置。火炮借助炮耳轴弹性地装在炮塔耳轴孔内,这种安装方式可减少由于射击撞击而使坦克损坏的可能性。该炮射速较高,第一分钟可发射8~10发弹,以后射速为6发/分。

# 英国"维克斯"主战坦克

"维克斯"(Vickers)主战坦克是英国维克斯公司于20世纪50年代末专为出口而设计的坦克,由于利用了现成部件和成熟技术,所以研制周期短,研制费用和造价都相对低廉。

履带特写

正面装甲特写

| 基本参数 | |
|---|---|
| 长度 | 7.72米 |
| 宽度 | 3.42米 |
| 高度 | 2.54米 |
| 重量 | 54.64吨 |
| 最大速度 | 72千米/时 |
| 相关简介 | |

## 研发历史

20世纪50年代后期,维克斯公司曾经研发出一种安装QF 20磅炮的新型坦克。随后,维克斯公司在这辆坦克的基础上开始研发"维克斯"主战坦克。这种主战坦克的设计定位是"一种构造简单、成本低廉但威力强大的坦克",第一辆原型车于1963年完成。1965年,"维克斯"主战坦克开始服役。除维克斯公司生产外,印度在获得生产许可后曾大量生产这种坦克,并命名为"胜利"主战坦克。

## 实战性能

"维克斯"坦克基本上由"百夫长"坦克的底盘和"酋长"坦克的动力传动装置组合而成。不同于英国传统的"防护第一"的指导思想,"维克斯"坦克的基本设计思想是重视火力与机动性。与其他英制现代坦克相比,"维克斯"坦克装甲薄、重量轻、速度快、储备行程大,还能借助尼龙围帐浮渡江河。该坦克的主要武器是1门105毫米L7A1线膛炮,辅助武器为2挺7.62毫米并列机枪(各备弹1300发),以及1挺12.7毫米防空机枪(备弹700发)。

### 趣味小知识

"维克斯"坦克对印度国防工业的意义重大,在它的牵引下,印度得以迅速建立起自己的坦克工业,拥有初步完整的国防工业体系。

## 英国"挑战者1"主战坦克

"挑战者1"(Challenger 1)坦克是英国研制的主战坦克,1983年开始装备部队,主要用于地面进攻和机动作战。

照明灯特写

炮塔外部特写

| 基本参数 | |
|---|---|
| 长度 | 11.56米 |
| 宽度 | 3.52米 |
| 高度 | 2.5米 |
| 重量 | 62吨 |
| 最大速度 | 56千米/时 |
| 相关简介 | |

### 研发历史

20世纪70年代,英国按照伊朗的要求相继研制出FV4030/1、FV4030/2、FV4030/3等新型坦克。该系列坦克原计划生产1500辆以上,但1979年伊朗爆发战争,订单被取消。鉴于当时英、德坦克合作计划受挫,英国国防部制订了MBT-80坦克计划以取代"酋长"主战坦克,但由于经费和技术问题而搁浅。于是英国国防部在FV4030/3型的基础上,采用MBT-80计划已发展成熟的技术,推出FV4030/4型,即"挑战者"坦克。

### 实战性能

"挑战者1"坦克体积庞大,是20世纪70年代以来最重的主战坦克之一。该坦克的总体布置与"酋长"坦克相似,但由于车体和炮塔均采用"乔巴姆"装甲,所以两者的外形差异很大。"挑战者1"坦克的主炮沿用"酋长"坦克的L11A5式120毫米线膛炮,弹种和备弹量(64发)也相同。辅助武器为1挺7.62毫米L8A2并列机枪和1挺7.62毫米L37A2高射机枪。

> **趣味小知识**
>
> "挑战者1"坦克的炮塔前部倾角较小,后部有储物筐。这种炮塔设计不利于乘员连续作战,核生化条件下长时间关窗驾驶,容易导致乘员疲劳。

# 英国"挑战者2"主战坦克

"挑战者2"(Challenger 2)坦克是英国研制的一款主战坦克,由"挑战者1"坦克衍生而来,目前是英国陆军和阿曼陆军的现役主战坦克。

负重轮特写

尾部特写

## 研发历史

"挑战者2"主战坦克是英国第三种以"挑战者"命名的坦克,第一种是二战时期的"挑战者"巡航坦克,第二种是"挑战者1"主战坦克。"挑战者2"坦克是从"挑战者1"坦克衍生而来,但两者仅有5%的零件可以通用。"挑战者2"坦克于1993年开始生产,1998年正式服役。"挑战者2"坦克于2002年停止生产,总产量为446辆,其中英国陆军装备408辆,阿曼陆军装备38辆。

| 基本参数 ||
|---|---|
| 长度 | 8.3米 |
| 宽度 | 3.5米 |
| 高度 | 3.5米 |
| 重量 | 62.5吨 |
| 最大速度 | 59千米/时 |
| 相关简介 | |

## 实战性能

"挑战者2"坦克延续"挑战者1"坦克重视防护力的思维,大量使用英国开发的第二代"乔巴姆"复合装甲,并增加衰变铀装甲板夹层增强对动能穿甲弹的防护力,内侧则增设"凯夫拉"内衬防止破片杀伤乘员。以往坦克车长只拥有广角的搜索瞄准具,而"挑战者2"坦克开创性地为车长配备了独立的搜索标定瞄准具,大大增加了接战效率。该坦克的主炮是1门120毫米L30A1线膛炮,备弹50发。辅助武器是1挺7.62毫米并列机枪和1挺7.62毫米防空机枪。炮塔两侧各有1组五联装L8烟幕弹发射器,而且"挑战者2"坦克的发动机也可以制造烟幕。

## 法国 AMX-30 主战坦克

AMX-30 坦克是法国于 20 世纪 60 年代研制的主战坦克，除了法国陆军装备 1200 余辆外，还外销给近十个国家。

履带特写

附加装甲特写

### 基本参数

| 基本参数 | |
| --- | --- |
| 长度 | 9.48 米 |
| 宽度 | 3.1 米 |
| 高度 | 2.28 米 |
| 重量 | 36 吨 |
| 最大速度 | 65 千米/时 |
| 相关简介 | |

### 研发历史

二战后，法国陆军一直使用由美国供应的坦克。到了 20 世纪 50 年代中期，法国、德国和意大利共同草拟了设计欧洲型主战坦克的联合要求。1959 年，法国和德国开始分别研制样车，原计划从中选择一种进行生产，因涉及两国利益，未能达成协议，结果法国研制成 AMX-30 坦克，德国研制成"豹 1"坦克，意大利则先生产 M60A1 坦克，后改为生产"豹 1"坦克。1966 年，AMX-30 坦克开始批量生产。1967 年 7 月，AMX-30 坦克正式列为法国陆军制式装备，逐渐替换法军中的 M47 坦克。

### 实战性能

AMX-30 坦克的主要武器是 1 门 CN-105-F1 式 105 毫米火炮，身管长是口径的 56 倍，既无炮口制退器，也无抽气装置，但装有镁合金隔热护套，能防止炮管因外界温度变化引起的弯曲。该炮可发射法国弹药，也可以发射北约制式 105 毫米弹药，最大射速为 8 发/分。该坦克的辅助武器包括 1 门装在火炮左侧的 F2 式 20 毫米并列机关炮（备弹 1050 发）和 1 挺装在车长指挥塔右边的 F1C1 型 7.62 毫米高射机枪（备弹 2 050 发）。

#### 趣味小知识

20 世纪 50 年代，法国军方认为，"在原子战争条件下，坦克的机动性和火力比装甲更重要"。AMX-30 坦克就是这种指导思想的产物，它具有较强的远射程火力和良好的机动性，而装甲防护则相对较弱。中东战争经验证明，AMX-30 坦克装甲防护性较弱，影响坦克效能的发挥。

# 法国 AMX-56 "勒克莱尔"主战坦克

AMX-56 "勒克莱尔"（Leclerc）坦克是由法国地面武器工业集团研制的主战坦克，用以取代 AMX-30 主战坦克，主要服役于法国和阿拉伯联合酋长国。

照明灯特写

炮塔内部特写

### 基本参数

| | |
|---|---|
| 长度 | 9.9 米 |
| 宽度 | 3.6 米 |
| 高度 | 2.53 米 |
| 重量 | 56.5 吨 |
| 最大速度 | 72 千米/时 |
| 相关简介 | |

## 研发历史

20 世纪 70 年代，法国陆军装备的 AMX-30 坦克已日渐老旧。1977 年，法国军方提出新坦克需求，但进口美国 M1 "艾布拉姆斯"坦克、德国 "豹 2"坦克和以色列 "梅卡瓦"坦克的提议都未能通过。1986 年，法国启动了 "勒克莱尔"主战坦克研制专案，并很快造出了样车。阿拉伯联合酋长国也订购了 400 余辆，使法国可以有效降低单位平均成本。1990 年，"勒克莱尔"坦克正式服役。

## 实战性能

"勒克莱尔"坦克的车体为箱形可拆卸式结构，炮塔和外壳采用焊接钢板外挂复合装甲式设计，可以轻松升级或更换装甲模块。该坦克使用法国地面武器工业集团制造的 120 毫米 CN120-26 滑膛炮，并且能够与美国 M1 "艾布拉姆斯"坦克和德国 "豹 2"坦克通用弹药。"勒克莱尔"坦克的火控系统比较先进，使其具备在 50 千米/时的行驶速度下命中 4 000 米外目标的能力。该坦克的辅助武器为 1 挺 7.62 毫米防空机枪和 1 挺 12.7 毫米并列机枪。

### 趣味小知识

"勒克莱尔"坦克的命名是为了纪念二战时期首先率军进入巴黎的法国陆军名帅菲利普·勒克莱尔。

## Chapter 02 主战坦克

# 德国"豹1"主战坦克

"豹1"(Leopard 1)坦克是德国于20世纪60年代研制的一款主战坦克,也是德国在二战后研制的第一种坦克。

侧面装甲特写

炮塔内部特写

| 基本参数 ||
|---|---|
| 长度 | 9.55米 |
| 宽度 | 3.37米 |
| 高度 | 2.62米 |
| 重量 | 42.5吨 |
| 最大速度 | 65千米/时 |
| 相关简介 | |

## 研发历史

"豹1"坦克源于德国和法国于1956年共同草拟的设计欧洲型主战坦克的联合要求,意大利也于1958年加入,目的是要取代三国所使用的老旧美制坦克。根据协议,德法两国要各自研发一种坦克作为评估测试,最后选择其中一种作为三国共同使用的坦克。由于德国和法国在坦克设计上的意见分歧,合作项目未能继续。最终,法国独立研发出AMX-30坦克,而德国则研发出"豹1"坦克。除装备德国和意大利之外,比利时、澳大利亚、巴西、加拿大、荷兰、挪威、土耳其、希腊、丹麦、智利和厄瓜多尔等国也有采用。

## 实战性能

"豹1"坦克的主炮为1门英国105毫米L7线膛炮,炮塔两侧各有一个突出的光学测距仪,炮塔后方有个杂物篮,车顶有1挺由装填手操作的MG3防空机枪,而其同轴机枪也是MG3机枪。"豹1"坦克的射击控制由炮手全权负责,车长则专心搜索目标。车长除了有360度观测窗之外还有和炮手一样的操作设备,必要时也可以操作主炮进行瞄准开火。

### 趣味小知识

"豹1"坦克的三防通风装置安装在车体前部,可在乘员舱内产生超压并为乘员提供无毒无尘的新鲜空气。

# 德国"豹2"主战坦克

"豹2"（Leopard 2）坦克是德国于20世纪70年代研制的主战坦克，其性能出色，在西方主战坦克中拥有突出的外销成绩。

烟幕发射器特写

顶部舱门特写

| 基本参数 | |
| --- | --- |
| 长度 | 7.69米 |
| 宽度 | 3.7米 |
| 高度 | 2.79米 |
| 重量 | 62吨 |
| 最大速度 | 70千米/时 |
| 相关简介 | |

## 研发历史

"豹2"坦克于20世纪70年代研制，其技术源于德国和美国的MBT-70坦克研制计划。1970年，MBT-70计划因达不到两国军方的要求而流产，德国在这项计划的设计基础上重新设计了车体、炮塔和火炮，发展成为"豹2"主战坦克。除德国外，土耳其、奥地利、新加坡、西班牙、瑞典、瑞士、智利、加拿大、丹麦、芬兰、希腊、荷兰、挪威等国均采用了"豹2"坦克。

## 实战性能

"豹2"坦克使用莱茵金属公司的1门120毫米滑膛炮，炮管进行了镀铬硬化处理，具有较强的抗疲劳性和抗磨损性，发射标准动能弹的寿命为650发。"豹2"坦克的火控系统由光学、机械、液压和电子件组成，采用稳像式瞄准镜，具有很高的行进间对运动目标射击命中率。此外，该坦克还安装有激光测距仪、热成像仪以及多种其他电子设备。"豹2"坦克的辅助武器为1挺7.62毫米并列机枪和1挺7.62毫米高射机枪，2挺机枪一共备弹4 754发。在"豹2"坦克的炮塔侧后部还安装有八联装烟幕发射器，两侧各有1组。

### 趣味小知识

"豹2"坦克在没有准备的情况下可通过1米深的水域，稍做准备后涉水深度可达2.35米，并可越过1.1米高的垂直矮墙和3米宽的壕沟。

Chapter 02　主战坦克

# 意大利 C1 "公羊" 主战坦克

C1 "公羊"（Ariete）坦克是意大利于 20 世纪 80 年代研制的主战坦克，1995 年开始服役至今。

尾部特写

履带特写

| 基本参数 | |
|---|---|
| 长度 | 9.67 米 |
| 宽度 | 3.42 米 |
| 高度 | 2.5 米 |
| 重量 | 54 吨 |
| 最大速度 | 65 千米/时 |
| 相关简介 | |

## 研发历史

1982 年，意大利提出研制新型主战坦克的计划，以替换 300 辆老旧的美制 M60 "巴顿" 主战坦克。新坦克由多家公司共同研制，其中奥托·梅腊拉公司研制主炮塔和主炮管，菲亚特公司研制车身，依维柯公司研制动力装置，伽利略公司研制火控系统，塞克尔公司研制三防装置。1984 年，"公羊" 主战坦克完成整体规划及系统设计。1986 年推出首辆原型车，1995 年正式服役。

## 实战性能

"公羊" 坦克的车体和炮塔用轧制钢板焊接而成，重点部位采用新型复合装甲，如第 1、2 负重轮位置处的装甲裙板也采用了复合装甲，可以有效防御来自侧面的攻击，保护坦克的驾驶员。作为第三代主战坦克，"公羊" 坦克也配备了超压式全密封三防系统、自动灭火抑爆装置和烟幕发射装置。该坦克的主炮是奥托·梅腊拉公司生产的 120 毫米滑膛炮，为德国 RH120 坦克炮的仿制品，弹药也可与 RH120 通用。辅助武器包括 1 挺与主炮并列安装的 7.62 毫米机枪和 1 挺安装在车长指挥塔盖上的 7.62 毫米高射机枪，高射机枪可由车长在车内遥控射击。

### 趣味小知识

"公羊" 坦克的加速性较好，从静止加速到 32 千米/时只需要 6~7 秒。

# 以色列"梅卡瓦"主战坦克

"梅卡瓦"(Merkava)坦克是以色列于20世纪70年代末研制的主战坦克,1978年开始服役至今,并发展出了四代。

履带特写

顶部舱门特写

| 基本参数 | |
|---|---|
| 长度 | 9.04米 |
| 宽度 | 3.72米 |
| 高度 | 2.66米 |
| 重量 | 65吨 |
| 最大速度 | 64千米/时 |
| 相关简介 | |

## 研发历史

"梅卡瓦"坦克的研制最早可以追溯到1970年,当时以色列召开了由财政部长主持的会议,有国防部、财政部以及其他相关人士参与,会议决定自主研制本国的第一款主战坦克,研制工作由以色列国防部坦克项目管理委员会(MANTAK)和以色列国防军合作完成。1978年,第一辆"梅卡瓦"坦克交付以色列国防军,其后大量生产。由于以色列处在世界热点地区之一的中东,"梅卡瓦"坦克曾参与多次武装冲突。在1982年的黎以冲突中,"梅卡瓦"坦克以较小的代价击毁叙利亚19辆T-72主战坦克。

## 实战性能

"梅卡瓦"坦克与世界主流主战坦克相比极具特色,为了提高坦克的正面防护能力,它采用了独特的动力传动装置前置的总体布局。该坦克的炮塔扁平,四周采用了复合装甲,这种炮塔外形可有效减少正面和侧面的暴露面积,降低被敌命中的概率。车体四周也挂有模块化复合装甲,并在驾驶舱内壁敷设了一层轻型装甲,以加强驾驶员的安全。第一代"梅卡瓦"坦克使用的主炮为1门105毫米线膛炮,但从第三代开始换装了火力更强的120毫米滑膛炮。辅助武器为2挺7.62毫米机枪、1挺12.7毫米机枪和1门60毫米迫击炮,迫击炮主要用于攻击隐藏在建筑物后面的敌方人员。

## Chapter 02 主战坦克

## 瑞典 S 型主战坦克

S 型坦克是瑞典研制的主战坦克，全称 103 型坦克，20 世纪 60 年代开始进入瑞典陆军服役并持续到 90 年代。

顶部舱门特写

尾部舱门特写

| 基本参数 ||
| --- | --- |
| 长度 | 9 米 |
| 宽度 | 3.8 米 |
| 高度 | 2.14 米 |
| 重量 | 42 吨 |
| 最大速度 | 50 千米 / 时 |
| 相关简介 | |

### 研发历史

S 型主战坦克的研制工作始于 1957 年，主承包商是瑞典博福斯公司，子承包商主要是拉茨维克公司（负责悬挂装置）、沃尔沃公司（负责发动机）等。1958 年，博福斯公司开始样车设计，1961 年底完成 2 辆样车。1966 年开始批量生产，1967 年开始交付使用，一直持续到 1971 年 6 月，共制造了 300 辆。后期生产的 S 型坦克安装了浮渡围帐和 2 个炮管固定架，在车首安装了可伸展的推土铲，并定型为 Strv103B 型坦克，随后把早期生产的所有 A 型均改进成 B 型。

### 实战性能

S 型坦克的主炮是 1 门博福斯公司的 105 毫米 L74 式加农炮，火炮与坦克车体刚性固定，炮管不会发生颤动。L74 式加农炮可以发射穿甲弹、榴弹和烟幕弹，根据需要也可发射碎甲弹。由于采用了液压操纵自动装弹机，省去了 1 名装填手，且可增加火炮射速。该坦克的辅助武器是 3 挺比利时 KSP58 式 7.62 毫米多用途机枪，其中 2 挺并列机枪固定安装在车体左侧平台上，与主炮交替使用，并可遥控，还有 1 挺高射机枪装在车长指挥塔左侧，由车长操纵，也能在车内瞄准射击。S 型坦克总体布置独特，火炮固定在车体前部中心线上，车内发动机和传动装置前置，中部是战斗舱，后部放置弹药和自动装填装置。战斗舱内 3 名乘员位于同一高度，车长在战斗舱的右侧，驾驶员兼炮长在左侧，其后方是机电员，2 人背靠背就座。

## 瑞士 Pz61 主战坦克

Pz61 主战坦克是瑞士于 20 世纪 60 年代自行研制的第一代坦克,由瑞士联邦制造厂生产,总产量为 150 辆。

尾部特写

履带特写

### 基本参数

| 长度 | 9.43 米 |
|---|---|
| 宽度 | 3.08 米 |
| 高度 | 2.72 米 |
| 重量 | 38 吨 |
| 最大速度 | 55 千米/时 |
| 相关简介 | |

### 研发历史

1961 年,瑞士联邦制造厂制造出 10 辆试生产型的坦克,正式定型后被命名为 Pz61 主战坦克。该坦克突出了"引进与独立研制并重的原则",在车辆布局、性能上突出了瑞士的特色,一些重要部件则从国外引进。1968 年,瑞士又完成了对 Pz61 主战坦克的重大改进,改进后的坦克称为 Pz68 主战坦克。1974 年,推出了 Pz68 的改进型 Pz68 Ⅰ。1985 年,又推出了 Pz68 Ⅰ 的改进型 Pz68 Ⅱ。Pz61/68 系列坦克的变型车较多,有自行高炮、装甲抢救车、自行榴弹炮、装甲架桥车等。

### 实战性能

Pz61 坦克的炮塔是一个铸造的近似半圆球体,在炮塔内右侧是车长和炮手,左侧是装填手,车长的瞭望塔有 8 个观测窗,但由于高度比装填手的瞭望塔略低,故而视野也略为受阻,炮塔正面的主炮是 1 门英制 105 毫米 L7 线膛炮,而炮弹由以色列军事工业公司供应,火控系统由法国地面武器工业集团供应。Pz61 坦克的同轴机枪是 7.5 毫米 MG 51 机枪,在车顶的防空机枪也是 MG 51 机枪。

#### 趣味小知识

Pz61 主战坦克采用了少见的碟盘弹簧独立悬挂方式,这种悬挂系统不占用车内空间、便于维护,但行程比较短。

## 西班牙"豹 2E"主战坦克

"豹 2E"坦克是德国"豹 2"主战坦克的一种衍生型,"E"代表西班牙语中的西班牙。该坦克为西班牙陆军的现役主战坦克,预计将服役到 2025 年。

履带特写

照明灯特写

### 基本参数

| | |
|---|---|
| 长度 | 7.7 米 |
| 宽度 | 3.7 米 |
| 高度 | 3 米 |
| 重量 | 63 吨 |
| 最大速度 | 72 千米/时 |
| 相关简介 | |

### 研发历史

"豹 2E"主战坦克的改装计划始于 1994 年,由于"兰斯"坦克计划的取消,西班牙陆军向德国租借了 108 辆"豹 2A4"坦克,作为训练之用。与此同时,西班牙也开始在本国生产"豹 2"坦克,即"豹 2E"坦克,生产工作由圣塔巴巴拉公司负责。2003 年,圣塔巴巴拉公司与通用动力公司合并,这引起了德国克劳斯•玛菲公司的不满,一度导致"豹 2E"坦克生产工作的延迟。

### 实战性能

"豹 2E"坦克在车体斜侧、炮塔正面和炮塔顶部增设了大量装甲,使其全车重达 63 吨。该车在生产过程中就将装甲加以装配,而非如德国"豹 2A5"坦克和"豹 2A6"坦克生产后再附加。因此,"豹 2E"坦克是现役的"豹 2"系列坦克中防护力最好的一种。"豹 2"坦克装备了德国莱茵金属公司的 1 门 120 毫米 L/55 坦克炮,还能换装 140 毫米主炮。辅助武器为 2 挺 7.62 毫米 MG3 通用机枪。车长与炮手可使用源于 BGM-71"陶"式导弹发射系统的热成像观测器,这些装备由英德拉和莱茵金属公司负责配置到坦克上。

#### 趣味小知识

"豹 2E"坦克的研制与生产共花了 260 万个工作时,其中包括在德国的 9600 小时,它也是"豹"式系列坦克中生产最为昂贵的种类之一。

# 日本 90 式主战坦克

90 式坦克（Type 90 tank）是二战后日本继 61 式坦克和 74 式坦克研制的第三代坦克，1990 年进入日本陆上自卫队服役。

正面装甲特写

履带特写

| 基本参数 | |
|---|---|
| 长度 | 9.76 米 |
| 宽度 | 3.33 米 |
| 高度 | 2.33 米 |
| 重量 | 50.2 吨 |
| 最大速度 | 70 千米/时 |
| 相关简介 | |

## 研发历史

90 式主战坦克主要用于取代日本陆上自卫队装备的 61 式坦克和部分 74 式坦克，其研制工作始于 20 世纪 70 年代中期。1982 年开始进行第一次整车试制，1990 年进入日本陆上自卫队服役。90 式坦克的研制总经费约 300 亿日元，每辆造价高达 12.1 亿日元（约 850 万美元）。日本陆上自卫队原计划采购 800 余辆，但因价格昂贵，最终只采购了 340 余辆。

## 实战性能

90 式坦克为传统的炮塔式坦克，车体和炮塔均用轧制钢板焊接而成。该坦克的主炮为德国莱茵金属公司授权生产的 1 门 120 毫米滑膛炮，并安装有炮口校正装置、抽气装置和热护套，射速为 10～11 发 / 分。该坦克配有日本自制的自动装弹机，省去了装填手。90 式坦克使用的弹药主要为尾翼稳定脱壳穿甲弹和多用途破甲弹两种，其中尾翼稳定脱壳穿甲弹的初速达到 1 650 米/秒，破甲弹为 1 200 米/秒，备弹 40 发。该坦克的辅助武器为 1 挺 74 式 7.62 毫米并列机枪和 1 挺 12.7 毫米防空机枪。

### 趣味小知识

90 式坦克的轮廓和框架与德国"豹 2"坦克相似，车体和炮塔的形状扁平、方正，但车体比"豹 2"坦克更小更轻，车下部负重轮和车上部烟幕弹发射器也更少。

## Chapter 02　主战坦克

# 日本 10 式主战坦克

10 式坦克是由日本防卫省技术研究本部主持、三菱重工生产的日本陆上自卫队新一代主战坦克，2012 年 1 月 10 日开始服役。

正面装甲特写

履带特写

| 基本参数 | |
| --- | --- |
| 长度 | 9.42 米 |
| 宽度 | 3.24 米 |
| 高度 | 2.3 米 |
| 重量 | 44 吨 |
| 最大速度 | 70 千米/时 |
| 相关简介 | |

## 研发历史

21 世纪初，日本要求陆上自卫队形成快速反应能力，以应对反恐怖战争和反登陆作战。为此，陆上自卫队需要全新的数字化战车，以替换老旧的 74 式坦克。由于冷战时期研制的 90 式坦克过于沉重，只适合在北海道服役，因此必须全新研发新一代主战坦克，代号为 TK-X。新坦克由三菱重工承包生产，2010 年 7 月在日本陆上自卫队富士学校进行了机动性展示。2012 年 1 月 10 日，10 式坦克正式服役。

## 实战性能

10 式坦克配备 1 门日本自行研发的 120 毫米滑膛炮，基本设计与 90 式坦克的 120 毫米滑膛炮相同，但提高了膛压，炮塔尾舱内设有 1 台水平式自动装弹机来供应主炮所需的弹药。该炮的弹种除了传统的尾翼稳定脱壳穿甲弹、高爆穿甲弹、高爆榴弹之外，还能使用一种程序化引信炮弹，其电子引信能在穿透三层墙壁之后才引爆弹头。10 式坦克的辅助武器为 1 挺 74 式 7.62 毫米机枪（备弹 12 000 发）和 1 挺 12.7 毫米 M2HB 同轴机枪（备弹 3 200 发）。

### 趣味小知识

10 式坦克的推重比虽然比不上 90 式坦克，但是由于无级变速技术的使用，使得发送机动力输出损耗大大降低，动力输出也更加稳定。

## 韩国 K1 主战坦克

K1 主战坦克由美国通用动力公司和韩国现代汽车公司联合研制,目前是韩国陆军的主要装备之一。

尾部特写

负重轮特写

| 基本参数 | |
|---|---|
| 长度 | 9.67 米 |
| 宽度 | 3.6 米 |
| 高度 | 2.25 米 |
| 重量 | 51.1 吨 |
| 最大速度 | 65 千米/时 |
| 相关简介 | |

### 研发历史

1979 年,韩国向美国企业界提出了帮助韩国发展主战坦克的提议,美国有数家公司响应,表示愿意提供协助和技术支持。1980 年,韩国选定克莱斯勒的子公司——克莱斯勒防务公司。1982 年,克莱斯勒防务公司并入通用动力公司。1983 年,第一辆 XK1 样车出厂,称为"机动性底盘实验车"。该样车是以美国 M1"艾布拉姆斯"主战坦克为模板进行设计的,并根据韩国的地貌进行了修改。1983 年 12 月,第二辆 XK1 样车出厂,称为"火控底盘实验车"。1984 年,XK1 样车经过试验基本定型后,正式命名为 K1 主战坦克并开始生产。

### 实战性能

K1 坦克采用复合装甲,具备一定的动能弹和化学能弹防护能力。其外形尺寸也尽量紧凑,以降低中弹率。K1 坦克配备 1 门 105 毫米主炮,外形酷似美国 M1 主战坦克。2001 年问世的改进型 K1A1 使用了德国莱茵金属公司的 120 毫米滑膛炮,且升级了火控系统。该坦克的辅助武器为 2 挺 7.62 毫米同轴机枪和 1 挺 12.7 毫米防空机枪,并在炮塔前部两侧各装有 1 组六联装烟幕弹发射器。

#### 趣味小知识

K1 坦克采用吊杆与气动混合式悬挂,可以让车轮做出"坐、站、跪"三种坦克专业术语中的姿势。

## 韩国 K2 主战坦克

K2 主战坦克是韩国国防科学研究所和现代汽车公司合作研制的新一代主战坦克，2014 年开始服役。

正面装甲特写

侧面装甲特写

| 基本参数 | |
|---|---|
| 长度 | 10 米 |
| 宽度 | 3.1 米 |
| 高度 | 2.2 米 |
| 重量 | 55 吨 |
| 最大速度 | 70 千米 / 时 |
| 相关简介 | |

### 研发历史

虽然 K1 主战坦克和改良的 K1A1 已经足够满足韩国陆军的作战需求，但韩国依然于 1995 年开始研发新坦克并着重于国内科技的采用。韩国国防科学研究所耗费 11 年时间和 2.3 亿美元，研制了 K2 主战坦克。新坦克超过 90% 零件是国产，现代汽车公司、三星公司等韩国公司都负责生产各种零件。2013 年，K2 坦克开始批量生产，翌年正式服役。

### 实战性能

K2 坦克具备一系列新型电子防御功能，其装备的激光探测器可以即时告知乘员敌方激光束来自何方，并给予干扰屏蔽，先进的火控系统可以控制主炮准确攻击 4000 米距离以内的装甲目标，也可控制主炮击落低空飞行的敌机。此外，K2 坦克还在 K1 坦克的基础上对机械以及电子系统进行了大量改进，并使用了耐蚀耐热的合金装甲。K2 坦克装备从德国引进的 120 毫米滑膛炮，具有自动装填功能，每分钟可发射多达 15 发炮弹。韩国同时从德国引进了一批 DM53 穿甲弹，使用 DM53 穿甲弹在 2000 米距离可以轻易穿透 780 毫米厚度北约标准钢板。

> **趣味小知识**
>
> 由于德国对 DM53 穿甲弹输出韩国有数量限制，韩国还自行研发了一种穿甲弹，可在 2000 米距离击穿 600 毫米厚度北约标准钢板。

# 印度"阿琼"主战坦克

"阿琼"（Arjun）主战坦克是印度耗费 40 多年研制的一款主战坦克，其名称来源于印度史诗《摩诃婆罗多》中的人物阿周那（Arjuna）。

正面装甲特写

侧面装甲特写

## 研发历史

"阿琼"主战坦克堪称世界上研制时间最长的主战坦克。早在 1972 年，印军就提出使用新一代主战坦克来替代老式的"胜利"主战坦克，同年 8 月正式开始新型主战坦克方案研究。1974 年，印度政府批准"阿琼"研制计划并拨款。1983 年，因样车研制失败推迟计划。1984 年，研制出 2 辆样车。1988 年，10 辆样车生产完成，并将其中 6 辆提交军方进行试验。1991 年，印度陆军提议放弃"阿琼"研制计划，但被否决。1996 年，样车出现重大故障。直到 2007 年，印度国防部才宣布"阿琼"坦克已能够服役。

| 基本参数 | |
|---|---|
| 长度 | 10.19 米 |
| 宽度 | 3.85 米 |
| 高度 | 2.32 米 |
| 重量 | 58.5 吨 |
| 最大速度 | 72 千米/时 |
| 相关简介 | |

## 实战性能

"阿琼"坦克主要着重于硬防护，采用了印度自制的"坎昌"复合装甲，虽然印度宣称这种复合装甲与英国"乔巴姆"复合装甲的性能相近，但"坎昌"复合装甲在实际测试中的性能很差，有资料称这种装甲几乎相当于劣质锅炉钢材。"阿琼"坦克的主炮为 1 门 120 毫米线膛炮，该炮可以发射印度自行研制的尾翼稳定脱壳穿甲弹、破甲弹、发烟弹和榴弹等弹种，改进型还可以发射以色列制的炮射导弹。辅助武器为 1 挺 7.62 毫米并列机枪和 1 挺 12.7 毫米高射机枪，另外炮塔两侧还各有 1 组烟幕弹发射装置。

### 趣味小知识

由于印度基础军事工业的不足，导致"阿琼"主战坦克至今仍需大量进口欧美零件拼装，虽然原型车有 73% 的部件都是自行制造，但实际生产时国产化率仅为 40%。

# Chapter 03
# 非主战坦克

在主战坦克的概念出现以前,坦克通常按照吨位分为轻型坦克、中型坦克和重型坦克。此外,英国曾一度将坦克分为步兵坦克和巡洋坦克两类。步兵坦克装甲较厚,机动性能较差,用于伴随步兵作战。巡洋坦克装甲较薄,机动性能较强,用于机动作战。

# 美国 M3 "斯图亚特" 轻型坦克

M3 "斯图亚特"（Stuart）轻型坦克是美国在二战中制造数量最多的轻型坦克，欧洲战场上的英军以美国南北战争名将斯图亚特为其命名。

炮塔外部特写

负重轮特写

| 基本参数 | |
|---|---|
| 长度 | 4.33米 |
| 宽度 | 2.47米 |
| 高度 | 2.29米 |
| 重量 | 13.7吨 |
| 最大速度 | 58千米/时 |
| 相关简介 | |

## 研发历史

二战初期，随着欧洲情势日渐紧张，美国坦克设计师意识到 M2 轻型坦克已经过时，于是进行了整体升级计划。美国以 1938 年推出的 M2A4 轻型坦克设计进行强化，包括更换发动机、厚实装甲、采用加入避弹设计炮塔以及新的 37 毫米主炮、并因应加重的车身重量而修改驱动轮及悬吊系统。新的坦克被命名为 M3 轻型坦克，于 1941 年 3 月至 1943 年 10 月生产，由美国车辆和铸造公司负责。改良型 M3A1 于 1941 年 8 月服役。

## 实战性能

M3 轻型坦克的车体较高，流线形差，整车目标大，给了敌人很大的射击面积。另外，由于车体较窄，主要武器的口径也受到限制。该坦克装备 1 门 37 毫米 M5 主炮，以及 3 挺 7.62 毫米 M1919A4 机枪：1 挺与主炮同轴，1 挺在炮塔顶端，1 挺在副驾驶座前方。M3 轻型坦克搭配了有动力旋转装置的同质焊接式炮台，具有 1 个陀螺稳定器，可使 37 毫米主炮于行进中精准射击。

## Chapter 03 非主战坦克

# 美国 M22 "蝗虫" 轻型坦克

M22 轻型坦克是美国在二战时期研制的空降轻型坦克,英国陆军曾根据《租借法案》接收这种坦克,并将其命名为"蝗虫"(Locust)。

炮塔外部特写

履带特写

### 基本参数

| | |
|---|---|
| 长度 | 3.94 米 |
| 宽度 | 2.25 米 |
| 高度 | 1.84 米 |
| 重量 | 7.4 吨 |
| 最大速度 | 56 千米/时 |
| 相关简介 | |

### 研发历史

1941 年 2 月 27 日,美国装甲兵委员会、美国陆军航空队和军械局的代表开会商讨空降坦克及运载飞机的可行性设计,并引起了英国坦克采购委员会的浓厚兴趣。1941 年 5 月,军械局第 16747 号文件将空降坦克正式立项,并命名为 T9 轻型坦克。当年 8 月,玛蒙·哈宁顿公司提交了自己的设计方案,最终被军方认可,并于 1942 年 4 月接收了首辆样车。与此同时,道格拉斯航空工业公司也开始了运载飞机的设计工作。1943 年 4 月,T9E1 型开始量产。同年 9 月,该坦克被重新命名为 M22 空降坦克。

### 实战性能

为了保证整车质量不超过 7.5 吨,M22 坦克的装甲厚度被大幅削减,导致防护力不强。该坦克的主要武器是 1 门 37 毫米火炮,主要弹种为钨合金穿甲弹,弹药基数 50 发。辅助武器为 1 挺 7.62 毫米并列机枪,携弹 2 500 发。此外,还有 3 支供乘员自卫用的 11.43 毫米冲锋枪,携弹 450 发。总的来看,M22 坦克的机动性不错,但火力明显不足,防护力也较差,加上空运麻烦,很难起到突袭作用。

> **趣味小知识**
> 
> 英国根据《租借法案》接收了 260 辆 M22 坦克,并投入了横跨莱茵河的空降作战。

# 美国 M24 "霞飞" 轻型坦克

M24 "霞飞"（Chaffee）轻型坦克是美国在二战时期研制的轻型坦克，主要用于取代 M3 "斯图亚特"轻型坦克，除美国陆军使用外，还提供给英国陆军。

7.62 毫米机枪特写

托带轮特写

### 基本参数

| | |
|---|---|
| 长度 | 5.56 米 |
| 宽度 | 3 米 |
| 高度 | 2.77 米 |
| 重量 | 18.4 吨 |
| 最大速度 | 56 千米 / 时 |
| 相关简介 | |

## ▶ 研发历史

为了取代在二战爆发时配备的 M3 轻型坦克，美国陆军决定以搭载 75 毫米火炮、25 毫米厚度装甲以及重量不超过 16 吨作为新式轻型坦克的设计标准。由于现有的轻型坦克都无法通过升级达成上述标准，于是通用汽车公司凯迪拉克分公司便展开了名为 T-24 的新一代轻型坦克研制计划。1943 年 10 月 15 日，新一代轻型坦克定型并命名为 M24，1944 年 3 月开始量产。

## ▶ 实战性能

作为轻型坦克，M24 坦克的装甲较为薄弱，车身装甲厚度为 13~25 毫米，炮塔装甲厚度为 13~38 毫米。德国坦克和反坦克武器可以较轻松地将其摧毁，甚至单兵反坦克武器也可将其击穿。该坦克的主炮为 1 门 75 毫米 M6 火炮，使用的弹药是 M61 风帽穿甲弹、M72 穿甲弹和 M48 高爆弹。M6 火炮射速高达 20 发 / 分，但是不能持续长时间。辅助武器为 2 挺 7.62 毫米机枪和 1 挺 12.7 毫米机枪。

### 趣味小知识

M24 坦克以"美国装甲兵之父"阿德纳•霞飞将军的名字命名。1944 年 12 月，M24 坦克开始装备位于法国的美军第 2 骑兵群，并参与了突出部战役。

## 美国 M41 "华克猛犬" 轻型坦克

M41 "华克猛犬"（Walker Bulldog）坦克是美国于 20 世纪 50 年代研制的轻型坦克，得名于美国陆军名将沃尔顿·华克。除美国外，奥地利、比利时、巴西、日本等国也有采用。

负重轮特写

炮塔内部特写

| 基本参数 | |
|---|---|
| 长度 | 5.82 米 |
| 宽度 | 3.2 米 |
| 高度 | 2.73 米 |
| 重量 | 23.5 吨 |
| 最大速度 | 72 千米/时 |
| 相关简介 | |

### 研发历史

二战后由于美苏关系日益紧张，面对苏军强大的装甲力量，美国在 1949 年决定研制 T41 轻型坦克、T42 中型坦克和 T43 重型坦克（即后来的 M103 重型坦克）三种新的坦克。其中，T41 是准备用来取代 M24 "霞飞" 轻型坦克的一种轻型坦克，1951 年投入生产并正式命名为 M41 "华克猛犬" 坦克。该坦克由 M24 轻型坦克改进而成，加强了火力，重新设计了炮塔、防盾、弹药储存、双向稳定器及火控系统，并提高了机动性，但防护仍然较弱。

### 实战性能

M41 坦克的车体前上甲板倾角为 60 度、厚 25.4 毫米，火炮防盾厚 38 毫米，炮塔正前面厚 25.4 毫米。该坦克装有 1 门 76 毫米 M32 火炮，可发射榴弹、破甲弹、穿甲弹、榴霰弹、黄磷发烟弹等多种弹药，弹药基数 57 发。火炮左侧有 1 挺 7.62 毫米 M1919A4E1 并列机枪，炮塔顶的机枪架上还装有 1 挺 12.7 毫米 M2HB 高射机枪。

> **趣味小知识**
> 
> M41 坦克的制式设备包括加温器、涉深水装置、电动排水泵等。基型车未装夜视设备，但最后一批生产的车辆在火炮上方安装了红外探照灯。

## 美国 M551"谢里登"轻型坦克

M551"谢里登"(Sheridan)轻型坦克是美国于 20 世纪 60 年代初研制的轻型坦克,主要装备空降部队,曾参加越南战争和海湾战争等局部战争。

主炮特写

履带特写

| 基本参数 | |
|---|---|
| 长度 | 6.3 米 |
| 宽度 | 2.8 米 |
| 高度 | 2.3 米 |
| 重量 | 15.2 吨 |
| 最大速度 | 70 千米 / 时 |
| 相关简介 | |

### 研发历史

20 世纪 50 年代末期,美国陆军装甲部队急需一种轻型坦克,M41"华克猛犬"坦克已经无法满足新的作战需求,而被美国陆军寄予厚望的 T-92 轻型坦克计划又因为其不具备浮渡能力而遭到否决,因此美国陆军不得不展开了 1 个新的轻型坦克研制计划。1960 年 6 月,通用汽车公司凯迪拉克分公司的方案从竞争中脱颖而出,并被命名为 ARAAV XM551。此后,凯迪拉克公司展开了正式研制工作。1961 年 8 月,美国陆军将 XM551 命名为"谢里登"。1966 年 5 月,XM551 正式定型为 M551 轻型坦克,并开始批量生产。

### 实战性能

M551 轻型坦克的车身以铝合金作为主要结构,主要部位加装钢制装甲。车身中央是钢铸炮塔,为了增加防护力而被设计成贝壳形,凭借曲面弧度使来袭炮弹滑开。M551 坦克的主炮和 M60A2 "巴顿"坦克相同,即 1 门 152 毫米 M81 滑膛炮。该炮能发射多用途强压弹、榴弹、黄磷发烟弹和曳光弹,还能发射 MGM-51A 反坦克导弹。M551 坦克的辅助武器是 1 挺 7.62 毫米 M73 同轴机枪和在车顶的 1 挺 12.7 毫米 M2 重机枪。

#### 趣味小知识

M551 坦克可以用 C-130 运输机空运和空投,在空投时会被固定在一块铝质底板上。

## Chapter 03 非主战坦克

# 美国 M2 中型坦克

M2 中型坦克是美国在二战爆发时研制的一款中型坦克,它是美国第一种大规模生产的中型坦克,标志着主流坦克由轻型向中型的转变。

正面特写

履带特写

| 基本参数 | |
|---|---|
| 长度 | 5.38 米 |
| 宽度 | 2.59 米 |
| 高度 | 2.82 米 |
| 重量 | 18.7 吨 |
| 最大速度 | 42 千米/时 |
| 相关简介 | |

## 研发历史

20 世纪 30 年代中期,岩岛兵工厂以 M2 轻型坦克为基础,开始研制一种新型的中型坦克。它最初被命名为 T5,但在重新设计后,在 1939 年 6 月被重命名为 M2 中型坦克。在最初的 18 辆 M2 中型坦克由岩岛兵工厂生产出来并被部队接收后,其改进型 M2A1 也被批准生产。M2A1 安装了一个新的炮塔,以及一个更强力的发动机。

## 实战性能

M2 中型坦克可以说是 M2 轻型坦克的加大型,两者有许多相同的部件设计。M2 中型坦克的主要武器是 1 门 37 毫米 M3 坦克炮,备弹 200 发。辅助武器为 7 挺 7.62 毫米 M1919 机枪,一共备弹 12 250 发。37 毫米 M3 坦克炮可以在 457 米的距离外击穿 30 度倾斜的 46 毫米表面硬化装甲,而超过 900 米后,穿甲厚度会降低为 40 毫米。

### 趣味小知识

M2 中型坦克全部装备美军用于在本土的坦克兵训练,并未派往欧洲战场。

# 美国 M3 "格兰特/李"中型坦克

M3 "格兰特/李"（Grant/Lee）中型坦克是美国在二战时期研制的中型坦克，1941 年 8 月开始批量生产，一直持续到 1942 年 12 月，总产量超过 6000 辆。

负重轮特写

炮塔特写

| 基本参数 | |
|---|---|
| 长度 | 6.12 米 |
| 宽度 | 2.72 米 |
| 高度 | 3.12 米 |
| 重量 | 27.9 吨 |
| 最大速度 | 34 千米/时 |
| 相关简介 | |

## 研发历史

鉴于 1939 年欧洲战争的经验，美军认为自己装备的 M2 中型坦克威力不足。1940 年，美军开始对 M2 中型坦克进行改进，加厚装甲防护，同时还将 1 门 M1987 式 75 毫米炮安装在车体一侧的突出炮座内。1940 年 7 月 11 日，改进后的坦克由美国军械委员会定名为 M3 中型坦克。该坦克从 1941 年 8 月开始生产，一直持续到 1942 年 12 月。M3 中型坦克的变型车较多，如 T1 扫雷车、T2 坦克抢救牵引车、T6 火炮运载车和 T16 重型牵引车等。

## 实战性能

M3 中型坦克的主要武器为 1 门 75 毫米 M2 坦克炮，安装在宽大车身的右方（后期换装炮管较长的 M3 坦克炮），由 1 名炮手及 1 名装填手操作。该火炮衍生自法国 75 毫米榴弹炮，后来也安装在 M4 "谢尔曼"中型坦克上。驾驶席的左边安装 2 挺固定机枪。驾驶席后装有 1 个双人炮塔，车长及 1 名炮手负责使用炮塔内的 1 门 37 毫米 M5 坦克炮（或 M6 坦克炮），以及 1 挺同轴机枪。车长拥有一个带机枪的指挥圆顶用于观察。由于车内武器众多，所以乘员足有 7 人。

### 趣味小知识

初期 M3 中型坦克的部分装甲还在使用铆钉固定，被击中后容易弹飞。

# 美国 M4 "谢尔曼" 中型坦克

M4 "谢尔曼"（Sherman）坦克是美国在二战时期研制的中型坦克，"谢尔曼"之名为英军所取，来源是美国南北战争中北军的将军威廉·谢尔曼。

车体底部装甲特写

车体正面装甲特写

| 基本参数 | |
|---|---|
| 长度 | 5.85 米 |
| 宽度 | 2.62 米 |
| 高度 | 2.74 米 |
| 重量 | 30.3 吨 |
| 最大速度 | 48 千米 / 时 |
| 相关简介 | |

## 研发历史

M4 "谢尔曼"中型坦克于 1940 年 8 月开始研制，1941 年 9 月定型并命名。1942 年春，"谢尔曼"坦克首次出现在北非战场。由于它在战场上的出色表现，很快赢得坦克手的青睐。该坦克产量极高，美国在二战期间总共生产了各种装甲战车 28.7 万辆，其中"谢尔曼"坦克就有将近 5 万辆。该坦克的尺寸是参照美国"自由轮"的船舱设计，非常便于远洋运输。战争中后期，"谢尔曼"坦克在反法西斯战场上发挥了重要作用。二战后，许多从美军退役的"谢尔曼"坦克成了一些中、小国家军队的重要装备。

## 实战性能

"谢尔曼"坦克的主炮是 1 门 75 毫米 M3 加农炮，能够在行进中瞄准目标开炮。该坦克的正面和侧面装甲厚 50 毫米，正面有 47 度斜角，防护效果相当于 70 毫米，侧面则没有斜角。炮塔正面装甲厚 88 毫米。德军四号坦克在 1 000 米以外、"虎"式和"豹"式坦克在 2 000 米以外，就能击穿"谢尔曼"坦克的正面装甲。雪上加霜的是，"谢尔曼"坦克外形线条瘦高，很容易成为德军坦克的攻击目标。所幸，"谢尔曼"坦克的机动能力不错，而且动力系统坚固耐用，只要定期进行最基本的野战维护即可，无须返厂大修。由于性能可靠，故障极少，"谢尔曼"坦克的出勤率大大高过德军坦克。

## 美国 M46"巴顿"中型坦克

M46"巴顿"(Patton)中型坦克是二战后美国研制的第一种坦克,也是第一代"巴顿"坦克,1949年开始服役。

尾部特写

正面装甲特写

| 基本参数 | |
|---|---|
| 长度 | 8.48米 |
| 宽度 | 3.51米 |
| 高度 | 3.18米 |
| 重量 | 44吨 |
| 最大速度 | 48千米/时 |
| 相关简介 | |

### 研发历史

二战后,由于美苏关系日益紧张,面对苏军强大的装甲力量,美国在1949年决定研制T41轻型坦克(即后来的M41"斗牛犬"坦克)、T42中型坦克和T43重型坦克(即后来的M103重型坦克)几种新的车型,同时对M26"潘兴"坦克进行改进,陆续安装了新的发动机、传动装置和新型火炮,命名为M26E2。1948年7月,M26E2被重新命名为M46"巴顿"中型坦克。

### 实战性能

M46坦克的发动机为大陆AV-1790-5型汽油发动机,功率为595千瓦。发动机采用了两套独立的点火与供给系统,保证了可靠性。该坦克的主要武器是1门90毫米M3A1型加农炮,带有引射排烟装置,但取消了火炮稳定器。M46坦克的辅助武器包括1挺12.7毫米M2机枪、2挺7.62毫米M1919A4机枪。

#### 趣味小知识

M46坦克曾参加20世纪50年代的局部战争,在战斗中无法有效地对付苏制T-34中型坦克。

## 美国 M47 "巴顿" 中型坦克

M47 "巴顿"（Patton）坦克是美国陆军第二代 "巴顿" 系列坦克，它是根据 M46 坦克在一些局部战争当中的实战经验而得出的改良型，1952 年开始服役。

照明灯特写

炮塔外部特写

| 基本参数 | |
|---|---|
| 长度 | 8.51 米 |
| 宽度 | 3.51 米 |
| 高度 | 3.35 米 |
| 重量 | 44.1 吨 |
| 最大速度 | 60 千米/时 |
| 相关简介 | |

### 研发历史

20 世纪 50 年代，由于美国陆军装备的 M46 "巴顿" 坦克在一些战争中不能有效地对付苏制 T-34/85 中型坦克和 IS-2 重型坦克，美军便推出了更具威力的 90 毫米 M36 坦克炮。为了容纳这种坦克炮，美军将 M46 坦克的车体前部装甲进行了改进，改善了前装甲倾角，取消了驾驶员和机枪手间的风扇壳体，从而产生了 M47 "巴顿" 坦克。当时 M47 坦克还存在测距仪性能不可靠等许多问题，因此边生产边修改，进度非常缓慢。

### 实战性能

M47 坦克的主要武器是 1 门 M36 式 90 毫米火炮，炮口装有 T 形或圆筒形消焰器，有炮管抽气装置。炮塔可 360 度旋转，火炮俯仰范围是 -5 度到 +19 度，有效反坦克射程是 2 000 米，能发射穿甲弹、榴弹、教练弹和烟幕弹等多种炮弹，炮管寿命是 700 发。该坦克的辅助武器是 2 挺 12.7 毫米 M2 机枪、1 挺 7.62 毫米 M1919A4 机枪。

> **趣味小知识**
>
> 美国陆军使用 M47 坦克的时间并不长，很快就被 M48 "巴顿" 坦克取代，故而 M47 坦克大多外销他国，包括法国、意大利、西班牙、土耳其、希腊和奥地利等。

# 美国 M48 "巴顿"中型坦克

M48 "巴顿"（Patton）坦克是美国陆军第三代"巴顿"系列坦克，1953 年开始服役。

负重轮特写

炮塔外部特写

| 基本参数 | |
|---|---|
| 长度 | 9.3 米 |
| 宽度 | 3.65 米 |
| 高度 | 3.1 米 |
| 重量 | 49.6 吨 |
| 最大速度 | 48 千米/时 |
| 相关简介 | |

## 研发历史

1950 年 12 月，美国陆军正式要求克莱斯勒汽车公司研制新型 T48 坦克并制造 6 辆样车，翌年 12 月完成首辆样车。因一些战争中苏制 T-34 坦克的威胁，1951 年 3 月美国陆军在 6 辆样车测试评估工作未完成之前就签订了总数超过 1 300 辆的 T48 生产合同。第一辆生产型坦克于 1952 年 4 月在克莱斯勒汽车公司的特拉华坦克厂制成，并正式命名为 M48 "巴顿"坦克。从研制到生产不到两年时间，因此问题甚多，随后又不得不专门设立改装厂来修改 M48 坦克。在美国，M48 坦克一直服役至 20 世纪 80 年代，而在其他国家中 M48 系列坦克甚至持续担任战备至今。

## 实战性能

M48 坦克的车头和车底均采用船身的圆弧形，炮塔为圆形，不同部位的装甲厚度从 25 毫米到 120 毫米不等，因此具有相当好的装甲防护力。该坦克的主要武器是 1 门 90 毫米 M41 型坦克炮，俯仰范围为 -9 度到 +19 度，炮管前端有一个圆筒形抽气装置，炮口有导流反射式制退器，有电击式击发机构，炮管寿命为 700 发。主炮左侧安装 1 挺 7.62 毫米 M73 式并列机枪，车长指挥塔上安装 1 挺 12.7 毫米 M2 式高射机枪，可在指挥塔内瞄准射击。

### 趣味小知识

M48 坦克无须准备即可涉水 1.2 米深，装潜渡装置潜深达 4.5 米。潜渡前所有开口均要密封，潜渡时需要打开排水泵。

## Chapter 03　非主战坦克

# 美国 M26 "潘兴" 重型坦克

M26 "潘兴"（Pershing）坦克是美国在二战中设计的重型坦克，一共制造了 2212 辆。1945 年 3 月，美军改变标准将 M26 归类为中型坦克。

炮塔特写

尾部特写

**基本参数**

| | |
|---|---|
| 长度 | 8.65 米 |
| 宽度 | 3.51 米 |
| 高度 | 2.78 米 |
| 重量 | 41.9 吨 |
| 最大速度 | 40 千米/时 |
| 相关简介 | |

## 研发历史

二战期间，美国曾以 M4 "谢尔曼" 中型坦克的数量优势来应对德国坦克的质量优势，但美国人并不甘心坦克技术上的劣势，于 1942 年研制出第一辆重型坦克 T1E2，后来又在该坦克的基础上发展成 M6 重型坦克。该坦克的性能虽然优于德国的 "豹" 式中型坦克，但却赶不上德国的 "虎" 式重型坦克。为了改变 M6 重型坦克的劣势，美国又发展了两种坦克，即 T25 和 T26。这两种坦克都采用新型的 T7 式 90 毫米火炮，其中 T26 被优先发展，其试验型有 T26E1、T26E2 和 T26E3 等型号。T26E3 在欧洲通过了实战的考验，于 1945 年 1 月定型生产，称为 M26 重型坦克。

## 实战性能

M26 坦克的车体为焊接结构，其侧面、顶部和底部都是轧制钢板，而前面、后面及炮塔则是铸造而成。该坦克装备的 1 门 90 毫米 M3 坦克炮穿透力极强，能在 1 000 米穿透 147 毫米厚的装甲，虽然比起德国 "虎王" 坦克和苏联 IS 系列坦克等重型坦克仍有一定差距，但已足够击穿当时大多数坦克的装甲。该炮可使用曳光被帽穿甲弹、曳光高速穿甲弹、曳光穿甲弹和曳光榴弹，弹药基数为 70 发。辅助武器是 1 挺 12.7 毫米高射机枪和 2 挺 7.62 毫米机枪，弹药基数分别为 550 发和 5 000 发。

> **趣味小知识**
>
> M26 坦克以美国著名军事家、陆军特级上将约翰·潘兴的名字命名，他也被称为 "铁锤将军"。

# 美国 M103 重型坦克

M103 重型坦克是美国在二战后研制的重型坦克，在冷战期间服役于美国陆军和海军陆战队。在 M1"艾布拉姆斯"主战坦克出现之前，M103 重型坦克一直是美军吨位最重，装甲最厚的坦克。

炮塔特写

尾部特写

| 基本参数 ||
| --- | --- |
| 长度 | 6.91 米 |
| 宽度 | 3.71 米 |
| 高度 | 3.2 米 |
| 重量 | 59 吨 |
| 最大速度 | 34 千米/时 |
| 相关简介 | |

## 研发历史

二战即将结束时，美国陆军已经研制出几种试验型重型坦克，包括 T29、T30、T32、T34 等。其中，最为成熟的当属战斗全重达到 70 吨的 T34 重型坦克。不过，由于 T34 重型坦克太重，最终也只停留在样车阶段。1946 年 5 月 14 日，美国克莱斯勒汽车公司提出了新的重型坦克设计方案。1948 年 12 月，美国陆军和克莱斯勒汽车公司签订了研制合同，研制代号为 T43 重型坦克。1951 年 6 月，公司完成了样车的制造工作，并开始在阿伯丁试验场进行各种试验。1953 年，正式定型为 M103 重型坦克。

## 实战性能

美国军方在设计 M103 坦克时就把火力性能放到首位，其次是装甲防护，再次是机动性。该坦克的主炮是 1 门 120 毫米 M58 线膛炮，备弹 38 发。辅助武器有 2 挺 7.62 毫米并列机枪和 1 挺 12.7 毫米高射机枪（可在指挥塔内由车长遥控操纵射击），分别备弹 5 250 发和 1 000 发。M103 坦克的车体为铸造钢装甲焊接结构，车体正面装甲厚度为 110～127 毫米，侧面装甲厚度为 76 毫米，后面装甲厚度为 25 毫米。炮塔各部位的装甲厚度达 114 毫米，火炮防盾的装甲厚度更达到了 178 毫米。单就装甲厚度来说，M103 坦克要优于苏联 IS-3 重型坦克。

### 趣味小知识

M103 坦克在装备部队后不久，便从欧洲的一线战场上退下来，转给美国国内的海军陆战队。不久之后，美国海军陆战队又将它改装为 M51 坦克抢救车，主要用于在海滩等松软地面实施抢救作业。

Chapter 03　非主战坦克

## 俄罗斯 T-26 轻型坦克

T-26 轻型坦克是苏联坦克部队早期的主力装备，广泛使用于 20 世纪 30 年代的多次冲突及二战之中。

主炮特写

尾部特写

| 基本参数 | |
|---|---|
| 长度 | 4.88 米 |
| 宽度 | 3.41 米 |
| 高度 | 2.41 米 |
| 重量 | 10.5 吨 |
| 最大速度 | 36 千米/时 |
| 相关简介 | |

### 研发历史

1930 年，列宁格勒（现圣彼得堡）的布尔什维克工厂在巴雷科夫和金兹鲍格两位工程师的领导下，参照从英国购买的"维克斯"坦克，经改进设计，制造出 20 辆类似的坦克，定名为 TMM-1 和 TMM-2 坦克。在和其他设计进行对比试验后，革命军事委员会于 1931 年 2 月 13 日决定采用以"维克斯"坦克为基础设计的新坦克，并正式命名为 T-26 轻型坦克。从 1932 年起，以列宁格勒的基洛夫工厂为主的一批工厂开始大量生产 T-26 坦克。

### 实战性能

T-26 坦克和德国一号坦克都是以英国"维克斯"坦克为基础设计的，两者底盘外形相似，但 T-26 坦克的火力远超一号坦克和二号坦克，甚至超过了早期三号坦克的水平。早期 T-26 坦克的 1 门主炮为 37 毫米口径，后期口径加大为 45 毫米。不过，T-26 坦克的火控能力不太好，精确射击能力不足，据说在 300 米内才可以取得比较高的命中率，而这么近的距离对于装甲薄弱的 T-26 坦克来说是非常危险的。

#### 趣味小知识

T-26 坦克一般被用来支援步兵，参加过 1936 年的西班牙内战、1939 年苏日哈拉哈河战斗和 1939 年的苏芬战争，一直被使用到二战初期，在苏联坦克发展史上占有重要的一环。

# 俄罗斯 T-60 轻型坦克

T-60 轻型坦克是苏联在二战时期研制的轻型坦克，其基础设计工作仅耗时半月。该坦克在 1941 年至 1942 年期间生产，总产量超过 6000 辆。

| 基本参数 | |
|---|---|
| 长度 | 4.11 米 |
| 宽度 | 2.34 米 |
| 高度 | 1.75 米 |
| 重量 | 6.4 吨 |
| 最大速度 | 44 千米/时 |
| 相关简介 | |

## 研发历史

1941 年 6 月，残酷的战争形势使苏联装甲部队急需补充轻型坦克。于是，莫斯科第 37 号工厂的设计人员决定发展一种用于支援步兵的轻型坦克。为了开发新型坦克，工程师们使用了一些 T-40 坦克的部件，包括传动系统、底盘以及发动机。新的车身合理地减小了尺寸，却增加了装甲防护。整个设计仅用 15 天便完成了，斯大林指派官员马雷舍夫去审查这种新设计的坦克。马雷舍夫仔细考察了设计方案，经过一些技术问题的讨论，决定用更大威力并已经被广泛使用在空军的 20 毫米机炮取代原来设计的 12.7 毫米重机枪。当晚，新设计的轻型坦克被接受，并正式命名为 T-60 轻型坦克。

## 实战性能

T-60 坦克采用新的焊接车体，外形低矮，前部装甲厚 15～20 毫米，后来增加到 20～35 毫米。侧装甲厚 15 毫米，后来增加到 25 毫米。后部装甲厚 13 毫米，后来增加到 25 毫米。该坦克安装有 1 门 20 毫米 TNSh-20 型主炮，备弹 750 发。辅助武器为 1 挺 7.62 毫米 DT 机枪，这种机枪和 TNSh-20 主炮都可以拆卸下来单独作战。与其他苏联坦克相比，T-60 坦克在雪地、沼泽及烂泥和水草地的机动性较好。

### 趣味小知识

为了增加 T-60 坦克在沼泽和雪地的机动性，苏联专门设计了和标准履带通用的特殊可移动加宽履带。

## 俄罗斯 BT-7 轻型坦克

BT-7 坦克是苏联 BT 系列快速坦克的最后一种型号，在 1935—1940 年大量生产。与早期 BT 坦克相比，BT-7 坦克的性能明显增强。

| 基本参数 | |
|---|---|
| 长度 | 5.68 米 |
| 宽度 | 2.43 米 |
| 高度 | 2.29 米 |
| 重量 | 13.8 吨 |
| 最大速度 | 72 千米 / 时 |
| 相关简介 | |

### 研发历史

苏联一直重视轻骑兵的作用，所以要求坦克具有很高的速度。20 世纪 20 年代后期，苏联坦克设计人员对美国的"克里斯蒂"坦克产生了很浓厚的兴趣，因为这种坦克采用了全新的传动装置，使其最大速度达到了 80 千米 / 时。1930 年，苏联向美国购买了两辆"克里斯蒂"坦克，在经过仔细研究后，哈尔科夫工厂成功研制出 BT-1 快速坦克。BT 系列坦克从 BT-2 起开始大量生产，并进行多次改进，先后生产了 BT-1 至 BT-7 多种坦克及多种变型车。其中，BT-7 坦克于 1934 年提出设计，1935 年开始生产。

### 实战性能

由于"克里斯蒂"坦克的传动装置不能在重型坦克上使用，所以坦克的装甲厚度不能太厚。为了克服这一弱点，BT-7 坦克的车体装甲使用焊接装甲，并加大了装甲板倾斜角度，以增强防护力。该坦克采用新设计的炮塔，安装 1 门 45 毫米火炮，备弹 188 发。辅助武器为 2 挺 7.62 毫米 DT 机枪，备弹 2394 发。为使主炮和机枪能在夜间射击，BT-7 坦克安装了两盏车头射灯，并在火炮上安装了一个遮罩。

> **趣味小知识**
>
> BT-7 坦克主要供远程作战的独立装甲和机械化部队使用，但因其装甲防护薄弱，不适于与敌方坦克作战，所以在 1941 年的莫斯科会战后便逐渐被更出色的 T-34 中型坦克取代。

# 俄罗斯 T-28 中型坦克

T-28 坦克是苏联于 20 世纪 30 年代初研制的中型坦克，主要用于支援步兵以突破敌军防线，它也被设计为用来配合 T-35 重型坦克进行作战，两车也有许多零件通用。

| 基本参数 | |
|---|---|
| 长度 | 7.44 米 |
| 宽度 | 2.87 米 |
| 高度 | 2.82 米 |
| 重量 | 28 吨 |
| 最大速度 | 37 千米/时 |
| 相关简介 | |

## 研发历史

1932 年，苏联列宁格勒（现圣彼得堡）的基洛夫工厂开始以英国"独立者"多炮塔坦克为基础，设计新型坦克。设计出的 T-28 坦克于 1933 年 8 月 11 日被批准使用。1933 年至 1941 年，共有 503 辆 T-28 坦克被生产了出来。虽然这种坦克在战斗上的设计并不十分成功，但对苏联设计师来说是一个重要的里程碑，包括一系列在 T-28 坦克上进行的试验，对未来的坦克发展有一定程度的影响。

## 实战性能

T-28 坦克的装甲较薄，主要部位的装甲厚度仅有 15～30 毫米。该坦克最大的特点是有 3 个炮塔（含机枪塔）。中央炮塔为主炮塔，安装 1 门 KT-28 型短身管 76 毫米火炮，主炮塔的右侧有 1 挺 7.62 毫米机枪，主炮塔的后部装 1 挺 7.62 毫米机枪，这 2 挺机枪能独立操纵射击。主炮塔靠电动旋转，这在当时是很先进的技术。主炮塔内的 2 挺机枪都有独立的机枪座，可作有限角度旋转。主炮塔的前下方有 2 个圆柱形的小机枪塔，各装 1 挺 7.62 毫米机枪。1936 年以后生产的 T-28 坦克上，还在炮塔顶部左后方额外安装了 1 挺 7.62 毫米防空机枪。

### 趣味小知识

T-28 坦克的活塞弹簧悬吊系统、发动机和变速箱都存在不少问题，最糟糕的是设计缺乏弹性，不利于后期改进升级。

## Chapter 03 非主战坦克

## 俄罗斯 T-34 中型坦克

T-34 坦克是苏联于 1940 年至 1958 年生产的中型坦克，堪称二战期间苏联最著名的坦克，有 T-34/76、T-34/57、T-34/85 和 T-34/100 等多种改良型号。

炮塔特写

负重轮特写

| 基本参数 | |
| --- | --- |
| 长度 | 6.75 米 |
| 宽度 | 3 米 |
| 高度 | 2.45 米 |
| 重量 | 30.9 吨 |
| 最大速度 | 55 千米/时 |
| 相关简介 | |

### 研发历史

1936 年，苏联著名战车设计师柯锡金被调往柯明顿工厂担任总设计师，此时柯明顿工厂的设计局正负责 BT 车轮/履带两用式坦克的改造。1937 年，该厂被委派研发一款新型中型坦克，设计代号为 A-20。同年 11 月，设计工作完成，设计方案集 BT-1 至 BT-7 快速坦克之大成。之后，柯锡金建议发展纯履带式的车型，以适应苏军的作战需要，设计编号为 A-32（即此后的 T-32）。1939 年初，A-20 和 A-32 的样车制造完成。此后，T-32 又加强了火力和装甲防护，并进一步简化了生产工序，最终成为 T-34 中型坦克。

### 实战性能

T-34 坦克的车身装甲厚度为 45 毫米，与德国的三号、四号坦克相当，但正面装甲有 32 度的斜角，侧面也有 49 度。炮塔是铸造而成的六角形，正面装甲厚度 60 毫米，侧面也是 45 毫米，车身的斜角一直延伸到炮塔。该坦克的主要武器最初是 1 门 76.2 毫米 M1939 L-11 型火炮，1941 年时改为 76.2 毫米 F-34 长管型 41.5 倍径的高初速火炮，具有更长的炮管以及更高的初速，备弹 77 发。T-34/85 又改为 85 毫米 ZiS-S-53 坦克炮，备弹 56 发。辅助武器方面，T-34 坦克安装有 2 挺 7.62 毫米 DP/DT 机枪，一挺作为主炮旁的同轴机枪，另一挺则置于车身驾驶座的右方。

> **趣味小知识**
> 
> T-34 坦克的底盘悬挂系统是美国工程师克里斯蒂所发明的新式悬挂系统，可以让坦克每个车轮独立地随地形起伏，产生极佳的越野能力和速度。在冰天雪地的东线战场，T-34 坦克可在雪深 1 米的冰原上自由驰骋，被德军称为"雪地之王"。

## 俄罗斯 T-44 中型坦克

T-44 中型坦克是苏联在二战期间研制的中型坦克,1944 年开始服役,一直服役到 20 世纪 60 年代。

| 基本参数 ||
|---|---|
| 长度 | 7.65 米 |
| 宽度 | 3.25 米 |
| 高度 | 2.46 米 |
| 重量 | 32 吨 |
| 最大速度 | 53 千米/时 |
| 相关简介 | |

### 研发历史

T-44 坦克的研制工作始于 1944 年初,承担研制工作的是第 520 设计局,研制代号为"136 项目",目标是制成与德国"豹"式坦克相同装甲防护水平的中型坦克。1944 年 2～3 月完成了新型坦克样车的试制;5 月完成了使用试验;7 月 18 日,新坦克正式定型,命名为 T-44 坦克。到 1947 年停产时,T-44 坦克共生产了 1823 辆。

### 实战性能

T-44 坦克的防护系统比起 T-34 坦克来有重大改进,其装甲厚度明显增厚,最大装甲厚度达 120 毫米。该坦克装备了 1 门 85 毫米 ZiS-S-53 坦克炮,可使用普通穿甲弹、被帽穿甲弹和超速穿甲弹。发射普通穿甲弹时,在 500 米的射击距离上,可垂直穿甲 109 毫米;在 1 000 米的射击距离上,可垂直穿甲 99 毫米。T-44 坦克的辅助武器为 2 挺 7.62 毫米 DTM 机枪,1 挺为并列机枪,1 挺为前机枪,弹药基数为 2 750 发。

### 趣味小知识

1944 年底,T-44 坦克开始装备苏联的几个近卫坦克旅。到 1945 年 4 月开始准备攻克柏林时,柏林前线的近卫坦克旅已经装备了 70 辆 T-44 坦克。但是,T-44 坦克最终未能参加攻克柏林的战斗。

Chapter 03　非主战坦克

## 俄罗斯 T-35 重型坦克

T-35 重型坦克是苏联于 20 世纪 30 年代研制的一款重型坦克，由于机动力低下且可靠性差，大部分都在苏德战争初期被击毁或者俘获。

| 基本参数 | |
|---|---|
| 长度 | 9.72 米 |
| 宽度 | 3.2 米 |
| 高度 | 3.43 米 |
| 重量 | 45 吨 |
| 最大速度 | 30 千米/时 |
| 相关简介 | |

### 研发历史

坦克发展的早期，很多人都认为坦克应当像海上的巡洋舰一样，拥有大量的火炮和厚实的装甲，T-35 坦克便是这种思想的产物。该坦克于 1933 年开始批量生产，1936 年开始在苏军中列装，1939 年停产，仅生产了 60 余辆。由于 T-35 坦克是作为步兵支援武器而设计，根本不是单炮塔专用坦克的对手，大多数 T-35 坦克都在苏德战争初期被击毁或者俘获。到 1941 年底，剩余的 T-35 坦克全部退出现役。目前，幸存的 T-35 坦克只有 1 辆，陈列于俄罗斯库宾卡坦克博物馆。

### 实战性能

T-35 坦克有 5 个独立的炮塔（含机枪塔），分两层排列。主炮塔是中央炮塔，在最顶层，安装 1 门 76 毫米榴弹炮，携弹 90 发，另有 1 挺 7.62 毫米机枪。下面一层有 4 个炮塔和机枪塔，2 个小炮塔位于主炮塔的右前方和左后方，两个机枪塔位于左前方和右后方。2 个小炮塔上各装 1 门 45 毫米坦克炮（弹药基数共 200 发）和 1 挺 7.62 毫米机枪，2 个机枪塔上各装 1 挺 7.62 毫米机枪（弹药基数为 10 080 发）。这样布置的好处是火力配系和重量分布比较均衡，但由于只有主炮塔可以 360 度旋转，无法将所有炮塔的火力全部集中到一个方向上。

#### 趣味小知识

T-35 重型坦克是世界上唯一量产的五炮塔重型坦克，也是当时世界上最大的坦克。

## 俄罗斯 KV-1 重型坦克

KV-1 坦克是苏联 KV 系列重型坦克的第一种型号，以装甲厚重而闻名，是苏联红军在二战初期的重要装备。

炮塔特写

负重轮特写

| 基本参数 | |
|---|---|
| 长度 | 6.75 米 |
| 宽度 | 3.32 米 |
| 高度 | 2.71 米 |
| 重量 | 45 吨 |
| 最大速度 | 35 千米/时 |
| 相关简介 | |

### 研发历史

KV-1 坦克于 1939 年 2 月开始研制，同年 4 月，苏联国防委员会批准了该坦克的样车定型。1940 年 2 月，位于列宁格勒的基洛夫工厂开始批量生产 KV-1 坦克，当年生产了 243 辆。同年，苏军一个装备 KV-1 坦克的坦克排参加了突破芬兰主要阵地的战斗，在战斗中，没有一辆 KV-1 坦克被击穿。在 1941 年苏德战争爆发前，苏军装备的 22000 辆坦克中约有 500 辆 KV-1 坦克。

### 实战性能

KV-1 坦克早期型号的装甲厚 75 毫米，后期型号的装甲厚度提升至 90 毫米。由于装甲的强化，重量成为 KV-1 坦克的主要缺点，虽然不断更换离合器、新型的炮塔、较长的炮管，并将部分焊接装甲改成铸造式，它的可靠性还是不如 T-34 中型坦克。KV-1 坦克的早期型号装备 76 毫米 L-11 火炮，车身前面原本没有架设机枪，仅有手枪口，但在生产型上加装了 3 挺 DT 重机枪。后期型号的主炮改为 76 毫米 F-32 坦克炮，炮塔更换为新型炮塔，炮塔前部还设计了使敌军跳弹的外形。

#### 趣味小知识

苏德战争之初，德军使用的反坦克炮、坦克炮都无法击毁 KV-1 坦克 90 毫米厚的炮塔前部装甲（后期厚度还提升至 120 毫米），对德军震慑力较强。

Chapter 03　非主战坦克

# 俄罗斯 KV-2 重型坦克

KV-2 坦克是苏联 KV 系列重型坦克的第二种型号，自 1940 年一直服役到二战结束。1941 年 10 月，KV-2 坦克的生产被取消，总产量仅有 200 余辆。

| 基本参数 | |
|---|---|
| 长度 | 6.95 米 |
| 宽度 | 3.32 米 |
| 高度 | 3.25 米 |
| 重量 | 57 吨 |
| 最大速度 | 25 千米/时 |
| 相关简介 | |

## 研发历史

1939 年，苏联与芬兰之间爆发了冬季战争，苏军在突破曼纳海姆防线的行动中吃尽了苦头，对坦克协助支援的需求越来越大。因此，以 KV-1 坦克为主体、搭载 152 毫米榴弹炮和新式旋转炮塔的 KV-2 坦克应运而生，用来进行阵地突破。该坦克于 1939 年 12 月发出研发需求，1940 年 1 月末完成了试验车，1940 年 2 月又完成了 2 辆试验车并立刻被送往战线。由于在实战中表现出色，新坦克被苏军正式采用。

## 实战性能

KV-2 坦克的装甲较厚，其炮塔前装甲厚 110 毫米，侧面装甲厚 75 毫米。由于车体一致，KV-2 坦克继承了 KV-1 坦克在齿轮、传动系统及乘员舱等方面存在的许多问题，加上重量的剧增，而动力装置仍然采用未经改进的 373 千瓦 V-2 柴油机，这些因素造成了 KV-2 坦克在作战时机动性的严重缺陷。KV-2 坦克的主要武器为 1 门 152 毫米 M-10 榴弹炮，备弹 36 发。辅助武器为 2 挺 DT 重机枪，备弹 3 087 发。

### 趣味小知识

KV-2 坦克有 6 名乘员，即坦克指挥员、火炮指挥员、第二火炮指挥员（装填手）、炮手、驾驶员、无线电手。由于需要装填手装填分离式弹药，造成火炮射击速度较慢。

# 俄罗斯 KV-85 重型坦克

KV-85 坦克是苏联 KV 系列重型坦克的第三种型号,仅仅生产了两个月,产量为 143 辆。该坦克作为 IS 系列坦克投产前的过渡产品,在技术积累上做出了贡献。

| 基本参数 | |
|---|---|
| 长度 | 8.49 米 |
| 宽度 | 3.25 米 |
| 高度 | 2.8 米 |
| 重量 | 46 吨 |
| 最大速度 | 40 千米 / 时 |
| 相关简介 | |

### 研发历史

1943 年,在研制各种新型自行火炮的同时,苏联设计师们还完成了一项更加长远的计划,开发出了新一代的重型坦克,以取代日益老化的 KV-1 重型坦克。1943 年初,苏联制造了 21 辆重型坦克样车。此后,新一代重型坦克的研制工作陷入危险的境地。苏军高层在收到关于 KV-1 坦克机动性差的反馈后,一度决定取消重型坦克的生产。在坦克工业部的游说下,再加上前线迫切需要重型坦克来对付德军新研制的中型坦克和重型坦克,苏军高层才改变了初衷。最终,KV-85 坦克成功问世。

### 实战性能

KV-85 坦克沿用了 KV-1S 坦克的底盘,配备了专为 85 毫米 D-5T 火炮设计的新型铸造炮塔,该炮塔前装甲厚度达 100 毫米,而且容积较大,拥有车长指挥塔,利于提高作战效率。该坦克装备 1 门 85 毫米 D-5T 火炮,备弹 70 发。辅助武器为 3 挺 7.62 毫米 DT 重机枪。有少数 KV-85 坦克改装了 122 毫米 D-2-5T 火炮,虽然火炮威力巨大,但产量寥寥无几。

#### 趣味小知识

D-5T 火炮的威力较大,所以 KV-85 坦克服役后在一定程度上缓解了苏联 KV-1 坦克无法对抗德军"虎"式坦克和"豹"式坦克的窘迫局面。

## Chapter 03 非主战坦克

# 俄罗斯 IS-2 重型坦克

IS-2 坦克是苏联 IS 系列重型坦克中最著名的型号,它与 T-34/85 中型坦克一起构成了二战后期苏联坦克的中坚力量。

炮塔特写

驾驶员观察窗特写

### 基本参数

| | |
|---|---|
| 长度 | 9.6 米 |
| 宽度 | 3.12 米 |
| 高度 | 2.71 米 |
| 重量 | 45.8 吨 |
| 最大速度 | 37 千米 / 时 |
| 相关简介 | |

## 研发历史

二战后期,苏联获悉德国新型"虎"式坦克的存在后,在 KV-85 重型坦克的设计基础上,开发了一种拥有强大火力和厚重装甲的新式重型坦克,战争期间共发展了 3 个型号:IS-1、IS-2、IS-3。1943 年秋,第一批 IS-1 重型坦克样车出厂。同年 10 月 31 日,换装 122 毫米火炮的改进型被批准定型,并命名为 IS-2 重型坦克。为了对付苏军这种重型坦克,德国于 1944 年又研制出火力更猛,装甲防护力更强也更难以维护的"虎王"重型坦克。

## 实战性能

IS-2 坦克的车体前上装甲板厚 120 毫米,侧面装甲板厚 89 ~ 90 毫米,后部装甲厚 22 ~ 64 毫米,底部装甲板厚 19 毫米,顶部装甲板厚 25 毫米。炮塔装甲板厚 30 ~ 102 毫米,炮塔内装有手提式灭火器。IS-2 坦克的主炮为 1 门 122 毫米 D-25T 型火炮,方向射界为 360 度,高低射界为 -3 度到 +20 度。辅助武器为 4 挺机枪,包括 1 挺 7.62 毫米并列机枪、1 挺安装在车首的 7.62 毫米航向机枪、1 挺安装在炮塔后部的 7.62 毫米机枪和 1 挺安装在车长指挥塔上的 12.7 毫米 DShK 机枪。

### 趣味小知识

1944 年 2 月,IS-2 坦克在科尔松•谢夫琴科夫斯基战役中首次参战。以后,在白俄罗斯战役、解放乌克兰战役、维斯瓦河 - 奥德河战役,以及攻克柏林和远东战役中,苏军都广泛使用 IS-2 重型坦克,给德军和日军以毁灭性打击。

# 俄罗斯 IS-3 重型坦克

IS-3 坦克是苏联在 IS-2 坦克基础上发展而来的重型坦克，主要用于对付德国"虎王"重型坦克。

| 基本参数 | |
|---|---|
| 长度 | 9.85 米 |
| 宽度 | 3.15 米 |
| 高度 | 2.45 米 |
| 重量 | 46.5 吨 |
| 最大速度 | 37 千米/时 |
| 相关简介 | |

## 研发历史

1944 年 7 月，德国"虎王"坦克首次参战后，苏联立刻开始研制更强的重型坦克。杜克霍夫领导的设计组，充分吸收苏联 T-34 中型坦克的装甲原理，设计了 IS-3 重型坦克。这种坦克是在 IS-2 坦克基础上发展而来。1944 年夏秋之交，IS-3 坦克开始测试。1945 年 1 月，IS-3 坦克开始批量生产，一直持续到 1946 年，总产量约 2 300 辆。IS-3 坦克曾经少量出口，1946 年有两辆坦克卖给了波兰军队，用于评估和训练。

## 实战性能

IS-3 坦克的防护力极强，尤其是侧后防护，由外层的 30 毫米厚 30 度外倾装甲、内侧上段 90 毫米厚 60 度内倾装甲及下段 90 毫米厚垂直装甲组成。该坦克的主要武器与 IS-2 坦克完全一样，同样是 1 门 122 毫米 D-25T 型火炮。辅助武器为 1 挺安装在装填手舱门处环行枪架上的 12.7 毫米高射机枪（备弹 250 发）、1 挺 7.62 毫米并列机枪（备弹 756 发），以及 1 挺安装在炮塔左后部的 7.62 毫米机枪（备弹 850 发）。

### 趣味小知识

IS-3 坦克后来暴露出很多问题，如焊缝开裂、发动机和传送系统不可靠、防弹外形导致内部空间非常狭窄等。另外，IS-3 坦克没有炮塔吊篮，装填手站在地板上不能随炮塔转动，操作相当吃力，很容易疲劳，不利于连续作战。

## Chapter 03  非主战坦克

## 俄罗斯 T-10 重型坦克

T-10 重型坦克是苏联在冷战时期研制的重型坦克,也是 KV 系列坦克与 IS 系列坦克系列最终发展而成的坦克。该坦克原本命名为 IS-8,1953 年改名为 T-10。

顶部舱门特写

履带特写

### 基本参数

| | |
|---|---|
| 长度 | 9.87 米 |
| 宽度 | 3.56 米 |
| 高度 | 2.43 米 |
| 重量 | 52 吨 |
| 最大速度 | 42 千米 / 时 |
| 相关简介 | |

### 研发历史

1948 年底,苏军装甲坦克兵总局要求研制一种重量不超过 50 吨的重型坦克。设计小组在吸取了 IS-6 重型坦克失败的惨痛教训后,决定在新坦克上尽可能采用现有成熟技术来减少设计难度和风险。最后设计小组决定,新坦克以 IS-3 重型坦克为蓝本,尽量应用在 IS-4 和 IS-7 重型坦克上已获得验证的可靠设计。1949 年,外形比较保守的 730 工程样车诞生。在经过试验后,730 工程以 IS-8 的编号进行试生产。在等待定型的漫长过程中,IS-8 又先后更名 IS-9、IS-10 和 T-10。直到 1954 年,T-10 坦克才开始批量生产。

### 实战性能

T-10 坦克的主要武器为 1 门 122 毫米 D-25TA 坦克炮,火炮有一个双气室冲击式炮口制退器,没有稳定器。D-25TA 坦克炮的射击俯角比较小,在反斜面阵地上的射击比较困难。T-10 坦克安装了电动辅助输弹装置,因此对炮尾部分进行了一些利于半自动装填的修改。若输弹装置出现故障,采用全人工装弹时,射速要降低到 2 发 / 分。122 毫米炮弹为分装式,弹药基数 30 发。T-10 坦克的辅助武器为 1 挺 14.5 毫米并列机枪和 1 挺 14.5 毫米高射机枪。

# 英国维克斯 MK.E 轻型坦克

维克斯 MK.E 轻型坦克是由英国维克斯公司于 20 世纪 20 年代研制的轻型坦克，又称为维克斯 6 吨坦克。该坦克虽然没有被英国陆军大量采用，但却被其他国家大量采用或授权生产。

| 基本参数 | |
|---|---|
| 长度 | 4.88 米 |
| 宽度 | 2.41 米 |
| 高度 | 2.16 米 |
| 重量 | 7.3 吨 |
| 最大速度 | 35 千米 / 时 |
| 相关简介 | |

## 研发历史

1928 年，MK.E 轻型坦克的原型车在维克斯公司下属的工厂完成。英国陆军虽然对其进行了测评，但是最后并没有采用。主要原因是因为悬吊系统可靠性的问题，在英国确定不签订单后，维克斯公司开始对国外潜在买主发广告进行宣传。苏联是 MK.E 坦克的第一个海外用户，测试表明 MK.E 坦克比苏联研发的坦克更优秀，因此苏联决定向英国购买专利授权生产并改进此款坦克，苏联自行生产的 MK.E 坦克即为 T-26 轻型坦克。除此之外，日本、希腊、波兰、泰国、西班牙、葡萄牙和芬兰等国也有购买。

## 实战性能

MK.E 轻型坦克的车身采用当时技术成熟的铆焊制法，为了保持一定程度的机动性，装甲略显薄弱。车体装甲初期设计最厚为 13 毫米，但可接受需求增厚至 17 毫米。该坦克在设计时即提供两种款式的武装供客户选择：A 构型为双炮塔，每个炮塔搭载 1 挺维克斯机枪；B 构型为单炮塔，炮塔为双人式，搭载 1 挺机枪及 1 门短管 47 毫米榴弹炮。B 构型在当时属于新设计，双人炮塔可以让车长专心观测，将火力装填的任务交给装填手，从而具备即时射击的能力。这种新设计受到肯定，并被后来大多数的新型坦克采用。

### 趣味小知识

维克斯 MK.E 轻型坦克的高强度钢制履带板可以承受至少 4800 千米的行驶，在当时是非常优秀的设计。

# 英国"瓦伦丁"步兵坦克

"瓦伦丁"(Valentine)坦克是英国在二战中生产的步兵坦克,产量较高。该坦克通过《租借法案》被大量提供给苏联军队,新西兰和埃及等国的军队也有装备。

主炮特写

负重轮特写

| 基本参数 | |
|---|---|
| 长度 | 5.41米 |
| 宽度 | 2.63米 |
| 高度 | 2.27米 |
| 重量 | 16吨 |
| 最大速度 | 24千米/时 |
| 相关简介 | |

## 研发历史

"瓦伦丁"坦克由英国陆军部在1938年2月拨款研发,设计工作由维克斯公司负责。为了节约成本,"瓦伦丁"坦克直接使用了MK Ⅱ巡航坦克(A10)的底盘。该坦克从1940年开始生产,一直持续到1944年4月。根据《租借法案》和其他条令,英国向苏联提供了近2400辆"瓦伦丁"坦克,其中大部分装上了苏军的76.2毫米口径火炮。此外,新西兰和埃及等国的军队也装备了"瓦伦丁"坦克。该坦克的变型车有自行反坦克炮、自行榴弹炮和坦克架桥车等。

## 实战性能

"瓦伦丁"坦克的装甲虽然比不上同时代的"玛蒂尔达"坦克,车身前后左右为60毫米,炮塔四周也只有65毫米,但是这样的设计在同级别坦克里已属不错。"瓦伦丁"Ⅰ型~Ⅶ型的主要武器是1门与"玛蒂尔达"坦克相同的40毫米火炮、Ⅷ型~Ⅹ型是1门57毫米火炮,最后的ⅩⅠ型是1门75毫米反坦克炮。各型的辅助武器都是1挺并列的贝沙7.92毫米气冷式机枪。

### 趣味小知识

从莫斯科战役开始到二战结束,苏军一直在使用"瓦伦丁"坦克。苏军对它的评价是:虽然火力、机动和舒适性都不尽如人意,但是较小的目标、较好的防护和出色的可靠性确实是非常值得称赞的。

# 英国"蝎"式轻型坦克

"蝎"式（Scorpion）轻型坦克是英国于 20 世纪 60 年代研制的轻型坦克，1972 年 1 月第一批生产型车交付英国陆军，1981 年开始装备英国海军陆战队和英国空军，并出口伊朗、尼日利亚和沙特阿拉伯等国。

乘员座椅特写

动力舱特写

| 基本参数 | |
|---|---|
| 长度 | 4.79 米 |
| 宽度 | 2.35 米 |
| 高度 | 2.1 米 |
| 重量 | 8.1 吨 |
| 最大速度 | 79 千米/时 |
| 相关简介 | |

## 研发历史

1967 年 9 月，英国阿尔维斯公司获得了生产 17 辆样车的合同。1969 年 10 月，比利时订购了 701 辆"蝎"式坦克及变型车。1972 年 1 月，第一批生产型车交付英国陆军，比利时的第一批订货则在 1973 年 2 月交付。1973 年末，英国第 14 和 20 轻骑兵团的"蝎"式坦克在演习中首次露面。

## 实战性能

"蝎"式轻型坦克的车体为铝合金全焊接结构，履带为钢制但重量轻，而且带橡胶衬套和衬垫，在公路和越野行驶条件下寿命为 5 000 千米。该坦克装有 1 门 76 毫米 L23 型火炮，火炮借助液气复进机返回发射位置，通过一个半自动凸轮打开炮闩，空弹壳退出，炮闩开启，等待下次装填。辅助武器方面，"蝎"式轻型坦克在主炮左侧有 1 挺 7.62 毫米并列机枪，炮塔两侧各有 1 具四联装烟幕弹发射器。

### 趣味小知识

在 1982 年的马岛战争中，英国陆军使用了 2 辆"蝎"式轻型坦克，表现出良好性能。

## Chapter 03 非主战坦克

## 英国"十字军"巡航坦克

"十字军"(Crusader)坦克是英国在二战时期最主要的巡航坦克,一共生产了5 300辆,约占战时英国坦克总产量的五分之一。

侧面装甲特写

负重轮特写

| 基本参数 | |
|---|---|
| 长度 | 5.97米 |
| 宽度 | 2.77米 |
| 高度 | 2.24米 |
| 重量 | 19.7吨 |
| 最大速度 | 43千米/时 |
| 相关简介 | |

### 研发历史

1939年,英国纳菲尔特公司参与生产了Mk Ⅲ巡航坦克(后来改编为Mk Ⅴ"立约者"巡航坦克)。之后,纳菲尔特公司也开始自行研制巡航坦克,定型后命名为"十字军"坦克(Mk Ⅵ),英军参谋部命名编号为A15。虽然"十字军"坦克的设计参考了"立约者"坦克,但两者的开发时间很接近,"十字军"坦克的样车推出时间距离第一架服役的"立约者"坦克仅有6个星期。"十字军"坦克于1940年初开始生产,到1943年停止生产为止,Ⅰ型、Ⅱ型、Ⅲ型三种坦克的总生产量达5 300辆,成为英军在二战前期的主力战车。

### 实战性能

"十字军"Ⅰ型和Ⅱ型的主要武器是1门40毫米火炮,辅助武器为2挺7.92毫米机枪。此外,车内还有1挺对空射击用的"布伦"轻机枪,但不是固定武器。"十字军"Ⅲ型换装了57毫米火炮,炮塔也作了重新设计。辅助武器是1挺"比塞"7.92毫米并列机枪,弹药基数为5 000发。虽然"十字军"坦克的速度远胜于德军坦克,但存在火力差、装甲薄弱和可靠性不足的问题。当德军部队使用反坦克炮从远处攻击时,"十字军"坦克的射程和火力根本难以反击。

**趣味小知识**

"十字军"坦克首次服役于1941年6月的"战斧行动"中,其后的"十字军行动"也因英军大量投放这种坦克而命名。

## 英国"马蒂尔达"步兵坦克

"马蒂尔达"(Matilda)坦克是英国于20世纪30年代研制的步兵坦克,有Ⅰ型和Ⅱ型两种型别。

| 基本参数 | |
|---|---|
| 长度 | 5.61米 |
| 宽度 | 2.59米 |
| 高度 | 2.52米 |
| 重量 | 26.9吨 |
| 最大速度 | 24千米/时 |
| 相关简介 | |

### 研发历史

1934年,英国军方与维克斯公司签订了研制合同,开始研制新型步兵坦克。约翰·卡登爵士主持了设计工作,并初步定名为A11型坦克。英国军方还为它起了一个秘密代号,即"马蒂尔达"。1936年9月,维克斯公司制成第一辆样车,即"马蒂尔达"Ⅰ型。英国陆军参谋部对此并不满意,于是维克斯公司继续加以改进,1938年4月完成了"马蒂尔达"Ⅱ型的试制一号车,1939年9月开始装备英军。

### 实战性能

"马蒂尔达"Ⅰ型的车体正面装甲厚60毫米,炮塔的四周均为65毫米厚的钢装甲,而"马蒂尔达"Ⅱ型的装甲进一步加强。由于设计思想的限制,"马蒂尔达"Ⅰ型的主要武器仅有1挺7.7毫米机枪,火力太弱。后来虽然换装了12.7毫米机枪,但由于原来的炮塔太小,乘员操纵射击非常费劲。"马蒂尔达"Ⅱ型的主要武器为1门QF 2磅炮,口径为40毫米,身管长为52倍口径。辅助武器为1挺7.92毫米并列机枪,弹药基数2 925发。

> **趣味小知识**
>
> "马蒂尔达"Ⅱ型的生产一直持续到1943年,总产量接近3000辆,几乎参加了英军二战中的所有主要战斗。

## 英国"克伦威尔"巡航坦克

"克伦威尔"（Cromwell）坦克是英国在二战时期研制的巡航坦克，以其优异且均衡的性能在地中海、法国战场获得了较高的评价。

| 基本参数 | |
|---|---|
| 长度 | 6.35 米 |
| 宽度 | 2.91 米 |
| 高度 | 2.83 米 |
| 重量 | 28 吨 |
| 最大速度 | 64 千米/时 |
| 相关简介 | |

### 研发历史

20世纪40年代初，英国参谋本部制订了"重型巡航战车"计划。根据1941年的战术技术要求，拟发展重25吨，前装甲厚70毫米、能发射6磅炮弹的新型坦克。1942年1月，伯明翰铁路公司研发出第一辆试验车，首批生产型坦克直到1943年1月才制造出来。这是一种采用航空发动机并把功率调低的坦克，被命名为"克伦威尔"巡航坦克。这种坦克型号众多，包括"人马座"系列、"人马座"防空系列、"克伦威尔"系列，以及最后研制的"挑战者"坦克和"复仇者"坦克。

### 实战性能

"克伦威尔"坦克的车体和炮塔多为焊接结构，有的为铆接结构，装甲厚度为8～76毫米。"克伦威尔"I型、II型和III型的主要武器是1门57毫米火炮，辅助武器有1挺7.92毫米并列机枪和1挺7.92毫米前机枪。IV型、V型、VII型坦克换装了75毫米火炮，增装了炮口制退器，发射的弹种由以穿甲弹为主转向以榴弹为主。VI型、VIII型坦克换装了95毫米榴弹炮。

#### 趣味小知识

由于装备部队的时间较晚，加上火炮威力相对较弱，"克伦威尔"坦克在二战中发挥的作用有限，但在诺曼底战役及随后的进军中也为战争的胜利做出过贡献。

# 英国"彗星"巡航坦克

"彗星"(Comet)坦克是英国研制的最后一款巡航坦克,由"克伦威尔"坦克发展而来。该坦克性能优秀,但未能在二战中一显身手。

炮塔特写

尾部特写

## 研发历史

二战中期,英军装备的巡航坦克在北非沙漠作战中始终处于劣势,引起了盟军的重视。为此,英国国防部决定在"克伦威尔"巡航坦克的基础上,研制出火力更强大的巡航坦克,这就是"彗星"坦克的由来。1944年11月,"彗星"坦克开始装备英军第11装甲师的第22装甲旅,装备的进度较快。在二战结束前,第11装甲师已全部换装"彗星"坦克。1949年开始,"百夫长"主战坦克开始代替"彗星"坦克,这意味着英军装备的"彗星"坦克大多数只有5年服役期。除英国外,芬兰、南非和缅甸等国也曾使用过"彗星"坦克。

| 基本参数 | |
|---|---|
| 长度 | 6.55米 |
| 宽度 | 3.04米 |
| 高度 | 2.67米 |
| 重量 | 33吨 |
| 最大速度 | 51千米/时 |
| 相关简介 | |

## 实战性能

"彗星"坦克的车身和炮塔都是采取焊接方式制造,其车身正面装甲和"克伦威尔"坦克一样采取垂直结构的传统设计,而同时期其他国家的主力坦克都已部分或全面采用了避弹角度较佳的倾斜装甲,这导致"彗星"坦克的装甲防护处于劣势。不过,"彗星"坦克尽可能增加了装甲厚度,而使车重较"克伦威尔"坦克增加了5吨。"彗星"坦克的装甲最厚达102毫米,使它能抵挡德国大部分反坦克武器的攻击。"彗星"坦克的战斗力大致与德军"豹"式坦克相当,主要武器为1门77毫米火炮,备弹61发。辅助武器为2挺7.92毫米贝莎机枪,备弹5 175发。

### 趣味小知识

在战场上的"彗星"坦克也作为装甲运兵车,为防止车尾排气管灼伤乘坐在车身上的步兵,加装了护罩。

# 英国"谢尔曼萤火虫"中型坦克

"谢尔曼萤火虫"(Sherman Firefly)坦克是二战时唯一可以在正常作战距离击毁"豹"式坦克和"虎"式坦克的英军坦克,由美国M4"谢尔曼"坦克换装主炮改进而来。

| 基本参数 | |
|---|---|
| 长度 | 5.89米 |
| 宽度 | 2.4米 |
| 高度 | 2.7米 |
| 重量 | 34.75吨 |
| 最大速度 | 40千米/时 |
| 相关简介 | |

## 研发历史

1943年初,英军在北非突尼斯境内首次与德军"虎"式坦克交手,虽然取得了胜利,但也暴露出英军乃至所有同盟国坦克装备的火炮无法与德国坦克正面对抗的弱点。对缴获的"虎"式坦克进行的火炮射击实验和在西西里岛的战争经验表明,英国陆军装备的76.2毫米反坦克炮是最有效的反坦克武器。因此,英国陆军决定加快76.2毫米反坦克炮的车载化进程。英国军需部的坦克决选委员会最初并不同意将76.2毫米反坦克炮装上"谢尔曼"坦克的方案,无奈其他使用76.2毫米反坦克炮的坦克研发不顺利。1943年11月,"谢尔曼萤火虫"坦克的改造工作在英国利兹市巴恩勃的皇家炮兵工厂内进行,首次订单为2 100辆。

## 实战性能

"谢尔曼萤火虫"坦克装有1门76.2毫米QF反坦克炮,当使用标准的钝头被帽穿甲弹,入射角度为30度时,"谢尔曼萤火虫"坦克的主炮可以在500米距离击穿140毫米厚的装甲。若用脱壳穿甲弹,入射角度同样为30度时,在500米远处可击穿209毫米厚的装甲。

> **趣味小知识**
>
> 尽管"谢尔曼萤火虫"有优秀的反坦克能力,但在对付软目标,如敌人步兵、建筑物和轻装甲的战车时,被认为比一般的M4"谢尔曼"坦克要差。

# 英国"丘吉尔"步兵坦克

"丘吉尔"（Churchill）坦克是英国在二战时期研制的步兵坦克，也是二战中英国生产数量最多的一种坦克。

顶部舱门特写

炮塔正面特写

## 研发历史

1939年9月，为取代"马蒂尔达"Ⅱ型步兵坦克，英国哈兰德和沃尔夫公司开始设计代号为A20的新型步兵坦克，次年6月制造出4辆A20样车。此时正值英法军队在西欧大陆全面溃败，面对德军以坦克集群为主力的"闪电战"，A20已难以胜任对抗德国新型坦克的任务。为此，1940年7月沃尔斯豪尔公司接受了研制A22步兵坦克的合同，并被要求一年内投入生产。1941年6月，首批生产型A22坦克共14辆交付英军，随即开始大批量生产，并被命名为"丘吉尔"步兵坦克。

| 基本参数 | |
|---|---|
| 长度 | 7.4米 |
| 宽度 | 3.3米 |
| 高度 | 2.5米 |
| 重量 | 38.5吨 |
| 最大速度 | 24千米/时 |
| 相关简介 | |

## 实战性能

"丘吉尔"坦克型号十分繁杂，共有18种车型。其中主要的是Ⅰ～Ⅷ型，它们的战斗全重都接近40吨，乘员5人。依型号不同，车体的长度、宽度和高度也小有区别。"丘吉尔"Ⅰ型的主要武器为1门40毫米火炮，车体前部还装有1门76.2毫米的短身管榴弹炮。自Ⅱ型开始，均取消了车体前部的短身管榴弹炮，而代之以7.92毫米机枪。Ⅲ型采用焊接炮塔，主炮改为57毫米加农炮。Ⅳ型仍采用57毫米火炮，但又改为铸造炮塔。Ⅵ型和Ⅶ型都采用了75毫米火炮，Ⅴ型和Ⅷ型则采用了短身管的95毫米榴弹炮。

### 趣味小知识

"丘吉尔"坦克采用了小直径负重轮，车体每侧负重轮多达11个。这种设计的优点是造价低，结构简单，易于生产，即使个别负重轮被击毁也能继续行动。但是过小的负重轮也造成悬挂行程太小，越野时的舒适性太差。

## 英国"土龟"重型坦克

"土龟"（Tortoise）坦克是英国在二战末期研制的超重型坦克，其发展目的是为突破战场上的坚固防护地区，在设计上强调装甲防护。

履带特写

侧面装甲特写

| 基本参数 | |
|---|---|
| 长度 | 10 米 |
| 宽度 | 3.9 米 |
| 高度 | 3 米 |
| 重量 | 79 吨 |
| 最大速度 | 19 千米/时 |
| 相关简介 | |

### 研发历史

1943 年初，盟军为了对付躲在大型永久防护工事（如齐格菲防线）中的敌军，决定开发一种以防护力为首、专作突击用途的重型坦克。英国汽车生产商纳菲尔特在 1943 年 5 月至 1944 年 2 月间共设计出 18 个版本（AT1 至 AT18），每一个后续版本都比前者更为重型及大型，至 1944 年 2 月英国战争办公室决定以 AT16 版本为标准不经原型直接生产 25 辆，预定在 1945 年 9 月服役，至二战完结时只生产了 6 辆，其中 1 辆送至德国给驻莱茵河英军作测试，虽然火力强大，但因为太重不适合战场上需要的高度机动性而没有量产。

### 实战性能

为了抵挡德军的 88 毫米炮，"土龟"坦克的正面装甲厚达 228 毫米，炮盾装甲也有所强化。该坦克采用固定炮塔，外形类似德国的突击炮，主炮为 1 门 QF 32 磅炮（94 毫米），所发射的是弹体与发射药分装的分离式弹药，搭配被帽穿甲弹的 32 磅炮弹（14.5 千克），在测试时发现可在 900 米距离击穿德军的"豹"式坦克。辅助武器包括 1 挺并列机枪、1 挺车头机枪及 1 挺防空机枪，均是 7.92 毫米口径的"贝莎"机枪。

#### 趣味小知识

"土龟"坦克的重量高达 79 吨，而它搭载的劳斯莱斯 V12 汽油发动机的功率只有 450 千瓦，所以坦克行驶速度极慢，而且难以运送，即便能在二战结束前服役，也难以伴随友军装甲部队前进。

# 法国 FT-17 轻型坦克

FT-17 轻型坦克是法国研制的轻型坦克,它是世界上第一种安装旋转炮塔的坦克,被著名历史学家史蒂芬·扎洛加称为"世界第一部现代坦克"。

| 基本参数 | |
|---|---|
| 长度 | 5 米 |
| 宽度 | 1.74 米 |
| 高度 | 2.14 米 |
| 重量 | 6.5 吨 |
| 最大速度 | 7 千米/时 |
| 相关简介 | |

## 研发历史

当英国制造出世界上第一辆坦克后,法国也紧随其后成为第二个制造坦克的国家。由于法国施耐德公司的 CA1 坦克项目未能取得预期效果,法国政府转而与雷诺汽车公司签订了研发合同。1916 年 2 月,雷诺汽车公司制成了新坦克的模型。1917 年初制造出第一辆样车,同年 4 月 9 日开始官方试验,并取得了法国军方的认可。1917 年 9 月,第一批生产型坦克出厂,定名为 FT-17 轻型坦克。除法国外,美国、波兰、巴西、芬兰、日本、荷兰、西班牙、比利时和瑞士等国都购买过这种坦克。

## 实战性能

FT-17 坦克的装甲最薄处仅 6 毫米,最厚处为 22 毫米。该坦克有四种基本车型:第一种装备 1 挺 8 毫米机枪,配子弹 4 800 发。第二种装备 1 门 37 毫米短管火炮,配弹 237 发,装填方式与单发式步枪相似。其炮塔可以通过转动 1 个炮塔内的手柄来进行旋转。第三种为通信指挥车,将炮塔取消,装有固定装甲舱,并装备 1 部无线电台。第四种装备 75 毫米加农炮,没有装备部队。

### 趣味小知识

FT-17 坦克首次采用发动机、战斗室、驾驶舱各以独立舱间安装的设计,这样的设计让发动机的废气与噪声被钢板隔开,改善了士兵作战环境。

Chapter 03　非主战坦克

## 法国 FCM 36 轻型坦克

FCM 36 轻型坦克是法国在二战时期研制的轻型坦克，也是法国第一种投入量产的使用柴油发动机的坦克。

| 基本参数 | |
|---|---|
| 长度 | 4.46 米 |
| 宽度 | 2.14 米 |
| 高度 | 2.2 米 |
| 重量 | 12.4 吨 |
| 最大速度 | 24 千米/时 |
| 相关简介 | |

### 研发历史

1933 年，哈奇开斯公司首先提出设计用于步兵支援目的的坦克计划。之后，哈奇开斯、雷诺以及索玛公司均设计出了各自的步兵坦克。而索玛公司因为之前有 Char B1 重型坦克和 Char 2C 重型坦克的制造设计经验，所以设计出的坦克使用了焊接的方式连接钢板（当时的坦克一般是使用铆钉），并使用柴油发动机和倾斜装甲。由于这种坦克十分容易抛锚，加上重量超标和火力薄弱，因此并没有通过评估，之后，索玛公司对其进行了改进。1936 年 7 月 9 日，这种坦克通过了测试，被正式定名为 FCM 36 坦克。

### 实战性能

FCM 36 坦克的外观比较现代化，拥有六边形的炮塔和倾斜装甲。该坦克的火力较差，只有 1 门 37 毫米火炮和 1 挺 7.5 毫米同轴机枪。索玛公司曾试图在 FCM 36 坦克上安装更加强力的火炮，但是因为炮塔焊接技术问题，并没有成功。法国投降后，一些 FCM 36 坦克被德国装上了 75 毫米 Pak 40 火炮，成为了"黄鼠狼 I"驱逐战车。

#### 趣味小知识

由于造价昂贵，FCM 36 坦克仅仅生产了 100 辆，主要装备于法国陆军第 4 坦克营和第 7 坦克营。

# 法国 AMX-13 轻型坦克

AMX-13 轻型坦克是法国于 20 世纪 50 年代研制的一款轻型坦克，主要用于对抗敌方战车以及侦察。除法国外，以色列、阿根廷、智利、印度尼西亚、新加坡等国也有采用。

托带轮特写

炮塔内部特写

| 基本参数 | |
| --- | --- |
| 长度 | 6.36 米 |
| 宽度 | 2.51 米 |
| 高度 | 2.35 米 |
| 重量 | 13.7 吨 |
| 最大速度 | 60 千米 / 时 |
| 相关简介 | |

## 研发历史

1946 年，法国陆军提出需要一款轻型坦克。因为当时的法国面临着海外殖民地的独立问题，急需一款能够空运的轻型坦克。新式坦克从 1946 年开始由伊希莱姆利诺工厂设计，第一辆原型车在 1948 年出厂，因其重 13 吨而被命名为 AMX-13 坦克。1952 年，罗昂制造厂开始生产 AMX-13 坦克。1964 年后，生产工作交给了克勒索·卢瓦尔公司，罗昂制造厂转为生产 AMX-30 主战坦克。之后，AMX-13 坦克的产量大为减少，最终于 1987 年停止生产。

## 实战性能

AMX-13 坦克装备 1 门 75 毫米火炮，有炮口制退器并采用自动装弹机构。火炮配有穿甲弹和榴弹，弹药基数 37 发，而后期生产的坦克又增加到 44 发。辅助武器是 1 挺 7.5 毫米或 7.62 毫米并列机枪，备弹 3 600 发。炮塔两侧各装有 2 具烟幕弹发射器。20 世纪 60 年代初，AMX-13 坦克换装了 90 毫米火炮，可发射尾翼稳定脱壳穿甲弹、破甲弹、榴弹、烟幕弹和照明弹。此外，一些外销版本的 AMX-13 坦克安装了 105 毫米火炮。

### 趣味小知识

AMX-13 坦克没有三防装置和夜视仪器，也不能涉深水，因而许多国家在购买 AMX-13 之后又增添了炮手红外瞄准镜和红外探照灯等。

## Chapter 03　非主战坦克

# 法国 S-35 中型坦克

S-35 坦克是法国在二战中使用的中型坦克，一度被评价为"20 世纪 30 年代最佳的中型坦克"。

| 基本参数 | |
|---|---|
| 长度 | 5.38 米 |
| 宽度 | 2.12 米 |
| 高度 | 2.62 米 |
| 重量 | 19.5 吨 |
| 最大速度 | 40 千米/时 |
| 相关简介 | |

## 研发历史

20 世纪 20 年代至 30 年代，法国坦克的发展可以用"由轻到重"来概括。自一战后，法国一直受"以步兵为主体"，"坦克的任务应该是支援步兵"的观点的影响。到了 20 世纪 30 年代，法军占主导地位的观点发生了变化，即"强调坦克直接协同步兵作战"。在这种思想指导下，法国研制出了 Char B1 和 S-35 等坦克。1936 年春，S-35 坦克开始批量生产，随后装备部队。该坦克从 1936 年至 1940 年共生产约 500 辆，一直服役到 1940 年法国投降。

## 实战性能

S-35 坦克炮塔正面装甲厚 55 毫米，车身装甲厚 40 毫米，最薄弱的后部装甲也有 20 毫米厚。该坦克装备 1 门 47 毫米 L/40 加农炮，为二战初期西线战场威力较大的坦克炮之一。辅助武器是 1 挺 7.5 毫米同轴机枪，可选择性安装。S-35 坦克一共装有 118 发炮弹（其中 90 发为穿甲弹，28 发为高爆弹）和 2 250 发机枪子弹。与 Char B1 坦克一样，S-35 坦克的车长要兼任炮手的职务，不但要下达全车指令，还要瞄准、装填炮弹和开火。

### 趣味小知识

1940 年法国被占领后，德军接收了全部法国坦克，并利用 S-35 坦克执行各种任务，有些还参加了对苏联的入侵，德军把这种坦克命名为 35C739（f）坦克。德军还将其中一部分改装为装甲指挥车，另有少部分转交给了意大利。

# 法国 Char B1 重型坦克

Char B1 坦克是法国在二战前研制的重型坦克，截至 1940 年 6 月 25 日法国投降为止，共生产约 400 辆。

尾部特写

履带特写

### 基本参数

| | |
|---|---|
| 长度 | 6.37 米 |
| 宽度 | 2.46 米 |
| 高度 | 2.79 米 |
| 重量 | 30 吨 |
| 最大速度 | 28 千米/时 |
| 相关简介 | |

## 研发历史

1921 年 1 月，法国陆军总参谋部设立了一个专门的委员会，负责法国陆军未来坦克的开发工作。结合一战中的经验和教训，该委员会决定只开发两种坦克：用于突破敌军防线的"重型坦克"和满足多用途作战需要的"战斗坦克"。其中，后者将替代法军现役的雷诺 FT-17 轻型坦克，其成果就是 Char B1 系列坦克。1936 年，Char B1 坦克开始服役。

## 实战性能

Char B1 坦克的车体装甲为焊接和铆接的轧制均质装甲，其正面最大装甲厚度为 60 毫米，侧面装甲厚度也达到了 55 毫米。该坦克配备 47 毫米及 75 毫米火炮各一门，由于车长是唯一一位于炮塔中的乘员，他除了要负责整车的指挥之外，还需要操作 47 毫米火炮进行战斗。不过，Char B1 坦克有 2 位负责无线电的乘员，其中一名可以帮助装填炮弹，加快发射炮弹的速度，增加战场的主动性。

### 趣味小知识

法国战败后，德军将 Char B1 坦克接收作为二线占领军用车及训练坦克，有少数改装为喷火坦克投入东线战事。此外，意大利和克罗地亚也少量采用。

## Chapter 03　非主战坦克

# 法国 ARL 44 重型坦克

ARL 44 坦克是法国在二战时期开始研制的重型坦克,其设计工作直到二战结束后才完成。该坦克一共只生产了 60 辆,1953 年全部退役。

尾部装甲特写

履带特写

| 基本参数 | |
|---|---|
| 长度 | 10.53 米 |
| 宽度 | 3.4 米 |
| 高度 | 3.2 米 |
| 重量 | 50 吨 |
| 最大速度 | 30 千米/时 |
| 相关简介 | |

### 研发历史

1944 年底,法国全境基本获得解放后,法国成立了国防部和军械研制局,后者的其中一个重要任务就是研制法国自己的重型坦克,这不但是军事上的需要,更是法国政治上的需求,对于恢复法国的国际形象和内部国民信心都非常有帮助。在这种背景下,ARL 44 重型坦克应运而生。该项目聚集了当时法国大多数的兵工厂参与,而生产厂家则被指定为吕埃尔工程公司(ARL)。该项目被命名为 ARL 44,ARL 是生产公司名称,44 则代表立项年份。

### 实战性能

ARL 44 坦克的底盘非常长,且十分狭窄,它使用了一个十分过时的小型传动轮的悬挂,使用和 Char B1 坦克一样的履带,导致最大速度只能达到 30 千米/时。该坦克最初采用 1 门 44 倍口径的 76 毫米火炮,但是这门只有在 1 000 米距离上才能穿透 80 毫米钢板的火炮很快就被否决了,换装了口径更大的 90 毫米 DCA 火炮。辅助武器方面,ARL 44 坦克安装了 2 挺 7.5 毫米 MAC 31 机枪。

> **趣味小知识**
>
> ARL 44 坦克采用了压缩空气驱动的导向陀螺仪,在电启动马达失灵时也可以用空气压缩机起动发动机,并备有自封油箱、一体化的润滑系统。

# 德国一号轻型坦克

一号坦克（Panzerkampfwagen Ⅰ）是德国于20世纪30年代研制的轻型坦克，在二战初期德军发动的"闪电战"中发挥了重要作用。

| 基本参数 | |
|---|---|
| 长度 | 4.02米 |
| 宽度 | 2.06米 |
| 高度 | 1.72米 |
| 重量 | 5.4吨 |
| 最大速度 | 40千米/时 |
| 相关简介 | |

## 研发历史

一号坦克自1932年开始设计，1934年开始生产，德国军械署赋予它的编号为"第101号特殊用途车辆"（SdKfz 101）。该坦克最初仅作为德军建构新一代的装甲战斗与技术时所使用的训练车辆，后来将其投入了西班牙内战。由于累积了使用经验，一号坦克在德军于二战初期的闪击行动中作用极大。

## 实战性能

一号坦克的车身装甲极为薄弱，且有许多明显的开口、缝隙以及缝合处，而发动机的马力也相当小。两名乘员共用同一间战斗舱，驾驶员从车旁的舱门进入，而车长则由炮塔上方进入。在舱盖完全闭合的情况下，车内成员的视野极差，因此车长大多数时候都要冒出炮塔以求更佳的视野。该坦克的炮塔需要手动转动，由车长负责操控炮塔上的2挺7.92毫米机枪，共携带1 525发弹药。后期型号搭载改进的炮塔，安装有1门20毫米EW141反坦克速射炮和1挺7.92毫米MG34机枪。

### 趣味小知识

1941年，一号坦克的底盘被用于建造突击炮和自行反坦克炮。西班牙还将一号坦克进行升级改装来延长其服役寿命，一直服役到1954年。

Chapter 03　非主战坦克

## 德国二号轻型坦克

二号坦克（Panzerkampfwagen Ⅱ）是德国于20世纪30年代研制的轻型坦克，曾在二战的波兰战役与法国战役中大量使用。

照明灯特写

炮塔特写

| 基本参数 | |
|---|---|
| 长度 | 4.8米 |
| 宽度 | 2.2米 |
| 高度 | 2米 |
| 重量 | 7.2吨 |
| 最大速度 | 40千米/时 |
| 相关简介 | |

### 研发历史

1934年，德国武器局正为陆军战斗坦克（三号坦克）和支援坦克（四号坦克）迟迟无法完成而发愁。为在短时间内填补装甲部队中产生的空白，武器局希望各军火商提供一种重量10吨以下、拥有1门20毫米机关炮和1挺7.92毫米机枪的轻型坦克，根据这些要求向曼公司、克虏伯公司和亨舍尔公司发出了设计邀请。同年，三家公司都拿出了样车。最后曼公司的方案中标，但军方规定曼公司必须在新坦克上安装克虏伯公司制造的炮塔。其后的研发工作由曼公司和戴姆勒•奔驰公司合作进行。1937年7月，二号坦克A型修正了部分设计并开始出厂，是二号坦克的第一种量产型。之后又陆续推出了B型（1937年12月投产）、C型（1938年6月投产）和F型等。

### 实战性能

二号坦克A型的致命缺陷在于装甲薄弱和发动机功率太小，当时使用的迈巴赫HL57型96千瓦汽油发动机只能提供40千米的时速。B型加装了最终减速齿轮，使得车体前部变成平直型，改用迈巴赫HL62型103千瓦汽油机并简化了发动机室上部结构，新型履带也提升了行使可靠性。C型改用独立式板弹簧悬挂装置，每侧5个负重轮和4个托带轮。F型增设了车长指挥塔，从而更好地保证了观察的安全性。该坦克的主要武器为1门20毫米机炮（备弹180发），辅助武器为1挺7.92毫米MG34机枪（备弹1425发）。

> **趣味小知识**
> 
> 二号坦克的底盘被用来改装成不同用途的特种车辆，如"山猫"装甲侦察车、"黄鼠狼"自行火炮和"黄蜂"自行火炮等。

# 德国三号中型坦克

三号坦克（Panzerkampfwagen Ⅲ）是德国于 20 世纪 30 年代研制的中型坦克，拥有多种衍生及改进型，并由德军在二战中广泛使用，其改进和衍生型号一直服役到二战结束。

炮塔正面特写

顶部舱门特写

### 基本参数

| | |
|---|---|
| 长度 | 5.52米 |
| 宽度 | 2.9米 |
| 高度 | 2.5米 |
| 重量 | 22吨 |
| 最大速度 | 40千米/时 |
| 相关简介 | |

## 研发历史

20 世纪 30 年代中期，古德里安要求陆军部草拟开发一种最大重量为 24 吨（以配合德国公路桥梁的载重限制），最高行进速度为 35 千米 / 时的中型坦克，并打算将之作为德国装甲师的主力坦克。戴姆勒·奔驰公司、克虏伯公司、曼公司及莱茵金属公司以此生产了试验型的坦克，并于 1936 年及 1937 年进行测试，最后戴姆勒·奔驰公司的产品被采纳，其成果就是三号中型坦克。

## 实战性能

早期生产的三号坦克（A 型～E 型，以及少量 F 型）安装由 PAK36 反坦克炮所修改而成的 37 毫米坦克炮，以应付 1939 年及 1940 年的战事。后来生产的三号坦克 F 型～M 型都改装 50 毫米 KwK38 L/42 及 KwK39 L/60 型火炮，备弹 99 发。1942 年生产的 N 型换装 75 毫米 KwK37 L/24 低速炮（四号坦克早期所使用的火炮），备弹 64 发。辅助武器方面，三号坦克各个型号都装有 2～3 挺 7.92 毫米 MG34 机枪。

### 趣味小知识

在苏德战争中，苏联将大量缴获的三号坦克改装为坦克歼击车。不过，最成功的改进还是德军基于三号坦克底盘的坦克歼击车系列，其中部分在芬兰军队中服役到 1967 年。

## 德国四号中型坦克

四号坦克（Panzerkampfwagen Ⅳ）是德国在二战中研制的中型坦克，也是德国在二战中产量最大的一种坦克，参与了二战欧洲战场上的大部分重大战役。

顶部舱门特写

MG 34 机枪特写

| 基本参数 | |
|---|---|
| 长度 | 5.89 米 |
| 宽度 | 2.88 米 |
| 高度 | 2.68 米 |
| 重量 | 23 吨 |
| 最大速度 | 40 千米 / 时 |
| 相关简介 | |

### 研发历史

四号坦克的研制计划最早是由古德里安于 1934 年提出的，主要用于掩护步兵攻击。1935 年，莱茵金属公司、MAN 公司和克虏伯公司各自的试验性坦克进行了测试，最终克虏伯公司胜出，并被命名为四号坦克 A 型。1937 年 10 月，第一辆四号坦克 A 型出厂。之后，四号坦克陆续发展出 B、C、D、E、F、G、H 和 J 等多种型号。该坦克不仅参战次数多，其产量也是德国二战坦克之最，所以被称为"德国装甲部队的军马"。

### 实战性能

四号坦克有多种型号，其装甲厚度各不相同，其中 A 型的侧面装甲厚度 15 毫米，顶部和底部分别为 10 毫米和 5 毫米。该坦克装备 1 门 75 毫米火炮，最初型号为 KwK 37 L/ 24，主要配备高爆弹用于攻击敌方步兵。后来为了对付苏联 T-34 坦克，便为 F2 型和 G 型安装了 75 毫米 KwK 40 L/ 42 反坦克炮，更晚的型号则使用了威力更强的 75 毫米 KwK 40 L/ 48 反坦克炮。该坦克的辅助武器为 2 挺 7.92 毫米 MG 34 机枪，主要用于对付敌方步兵。

#### 趣味小知识

20 世纪 50 年代，法国将战后缴获的一部分四号坦克卖给叙利亚、捷克斯洛伐克和西班牙，这些坦克一直服役到 20 世纪 60 年代后期。

# 德国"豹"式中型坦克

"豹"式中型坦克是二战期间德国最出色的坦克之一,又称为五号坦克(Panzerkampfwagen Ⅴ),主要在东线战场服役。

托带轮特写

炮塔特写

| 基本参数 | |
|---|---|
| 长度 | 8.66米 |
| 宽度 | 3.42米 |
| 高度 | 3.00米 |
| 重量 | 44.8吨 |
| 最大速度 | 55千米/时 |
| 相关简介 | |

## 研发历史

苏联T-34中型坦克诞生后,德国几乎没有性能与之匹敌的同类坦克。古德里安大力要求德军最高统帅部派出一支部队到东线战场,针对T-34坦克做出评估。在了解T-34坦克的优势之后,戴姆勒·奔驰公司和曼公司被授命设计新型坦克,指定开发编号为VK3002。最后,曼公司的设计方案被德军采用,定名为"豹"式坦克并于1942年开始批量生产。由于盟军的轰炸和生产上的问题,"豹"式坦克的产量不高。直至战争完结,德国一共生产6 000辆左右。

## 实战性能

"豹"式坦克的主要武器为莱茵金属公司生产的1门75毫米半自动KwK42 L/70火炮,通常备弹79发(G型为82发)。该炮的炮管较长,推动力强大,可提供高速发炮能力。尽管"豹"式坦克的火炮口径不大,但却是二战中最具威力的坦克炮之一,其贯穿能力甚至比88毫米KwK36 L/56火炮还高。"豹"式坦克的辅助武器是2挺MG34机枪,分别安装于炮塔上及车身斜面上,用于消除步兵及防空。

### 趣味小知识

"豹"式坦克主要在东线战场服役,但也在1944年盟军登陆诺曼底后驻守于法国境内。当时,囤驻在法国的德军坦克将近一半都是"豹"式坦克。

## Chapter 03 非主战坦克

# 德国"虎"式重型坦克

"虎"式坦克是德国在二战期间研制的重型坦克,又称为六号坦克或"虎Ⅰ"坦克,自 1942 年进入德国陆军服役至 1945 年德国投降为止。

顶部舱门特写

炮塔特写

### 基本参数

| 长度 | 6.3 米 |
|---|---|
| 宽度 | 3.7 米 |
| 高度 | 3 米 |
| 重量 | 57 吨 |
| 最大速度 | 38 千米/时 |
| 相关简介 | |

## 研发历史

1937 年,德国武器军备发展局提出了重型坦克的研发计划,并将具体性能要求发给了德国的奔驰公司、曼公司、亨舍尔公司和保时捷公司。1941 年,几家公司分别提交了各自的设计方案。然而,苏联 T-34 中型坦克的诞生宣告了这些设计方案的过时,于是德国又提高了新式重型坦克的设计标准。1942 年 4 月 19 日,经过比较测试,亨舍尔公司的基本架构被采用,但要换装保时捷公司的炮塔。同月,新式坦克定型并命名为"虎"式坦克。1942 年 8 月,"虎"式坦克开始批量生产。由于生产成本过高,"虎"式坦克在生产了 1 300 多辆后就于 1944 年 8 月宣告停产。

## 实战性能

"虎"式坦克车体前方装甲厚度为 100 毫米,炮塔正前方装甲则厚达 120 毫米。两侧和车尾也有 80 毫米厚的装甲。该坦克的主要武器是 1 门 88 毫米 KwK 36 L/56 火炮,采用电动击发,准确度较高。该炮可装载多种弹药,包括 PzGr.39 弹道穿甲爆破弹、PzGr.40 亚口径钨芯穿甲弹和 Hl. Gr.39 型高爆弹。"虎"式坦克所发射的炮弹能在 1 000 米距离上轻易贯穿 130 毫米装甲。辅助武器方面,"虎"式坦克装有 2 挺 7.92 毫米 MG34 机枪。

### 趣味小知识

1943 年的库尔斯克会战,"虎"式坦克作为德军的进攻先锋进攻库尔斯克防御外围,在战役中发挥了重要的作用。

# 德国"虎王"重型坦克

"虎王"(King Tiger)坦克是德国在二战后期研制的重型坦克,又称为"虎Ⅱ"坦克。该坦克参加了二战后期欧洲战场的许多战役,包括标志着欧洲战场结束的柏林战役。

尾部排气管特写

7.92毫米机枪特写

## 研发历史

1941年5月的一次军事会议上,德国新式重型坦克发展计划正式起步,希特勒在会议上提出了相关要求:具有击穿敌人坦克的强大火力和敌人坦克无法击穿的厚实防护装甲,且最大时速不低于40千米。这次会议决定发展了"虎"式和"虎王"两种重型坦克,由于前者在战场上的成功,"虎王"坦克的研发进度被放缓,直到1943年1月才真正开始设计,1944年1月开始批量生产,1945年3月停产。"虎王"坦克原计划生产1500辆,但由于盟军对德国的战略轰炸,最终只生产了492辆。

| 基本参数 | |
|---|---|
| 长度 | 7.62米 |
| 宽度 | 3.76米 |
| 高度 | 3.09米 |
| 重量 | 69.8吨 |
| 最大速度 | 41.5千米/时 |
| 相关简介 | |

## 实战性能

"虎王"坦克的车身前装甲厚度为100~150毫米,侧装甲和后装甲厚度为80毫米,底部和顶部装甲厚度为28毫米。炮塔的前装甲厚度为180毫米,侧装甲和后装甲厚度为80毫米,顶部装甲厚度为42毫米。该坦克安装了1门88毫米KwK 43 L/71型坦克炮,身管长达6.3米,可发射穿甲弹、破甲弹和榴弹,具备在2 000米的距离上击穿美国M4"谢尔曼"中型坦克主装甲的能力。"虎王"坦克的辅助武器是3挺7.92毫米MG34/MG42机枪,备弹5 850发。

### 趣味小知识

"虎王"坦克有两种履带,即用于铁路运输的660毫米履带和800毫米战斗履带。由于重量极大,且耗油量大,"虎王"坦克的机动性能较差。

## Chapter 03 非主战坦克

## 德国"鼠"式重型坦克

"鼠"式（Maus）坦克是德国在二战期间研制的超重型坦克，也称为八号坦克，仅有两辆原型车问世。

尾部装甲特写

正面装甲特写

| 基本参数 | |
|---|---|
| 长度 | 10米 |
| 宽度 | 3.7米 |
| 高度 | 3.63米 |
| 重量 | 188吨 |
| 最大速度 | 13千米/时 |
| 相关简介 | |

### 研发历史

1941年11月，出于对战场上出现的苏军重型坦克的危机感，希特勒向德国著名坦克设计师斐迪南·保时捷博士询问了超级重型坦克开发的可能性。1942年，德国克房伯公司提出了"虎鼠式"坦克和"狮"式坦克两种构想。不过计划在同年3月初就被取消，但是研发的经验与技术却为后来的重型坦克做了准备。1942年3月中旬，保时捷车厂收到一份合约，要求研制一种100吨重的新型坦克。4月，希特勒要求新坦克的重量必须达到120吨。5月，斐迪南·保时捷博士与克房伯公司的穆勒博士开始合作进行整个计划，研发的结果就是"鼠"式超重型坦克。由于德国战败时"鼠"式坦克仍处于试验阶段，所以未能批量生产。

### 实战性能

"鼠"式坦克车体前方35度倾斜装甲厚达220毫米，加上倾斜角度后相当于380毫米厚。车体正下方和炮塔顶部的装甲也有120毫米厚，车体两侧装甲厚185毫米，车体后部装甲厚160毫米。该坦克的主要武器为1门128毫米KwK 44 L/L55火炮，1门75毫米KwK 44 L/36.5同轴副炮。辅助武器是2挺7.92毫米MG34机枪，另外在炮塔两侧和后部还各有一个射击孔。此外，"鼠"式坦克炮塔上还安装了先进的火炮测距仪以及夜战设备等。

> **趣味小知识**
>
> 根据德军预测，"鼠"式坦克的128毫米火炮可以在3500米的距离击穿盟军"谢尔曼"坦克、"克伦威尔"坦克、"丘吉尔"坦克、T-34/85坦克和IS-2坦克的所有装甲，能在2000米的距离击穿M26"潘兴"坦克的所有装甲。

# 意大利 M13/40 中型坦克

M13/40 坦克是二战中意大利使用最广泛的中型坦克,尽管是以中型坦克的理念来设计,但其装甲与火力的标准较接近轻型坦克。

| 基本参数 | |
|---|---|
| 长度 | 4.92 米 |
| 宽度 | 2.28 米 |
| 高度 | 2.37 米 |
| 重量 | 14 吨 |
| 最大速度 | 32 千米/时 |
| 相关简介 | |

## 研发历史

M13/40 坦克是较早的 M11/39 坦克的后继型号,后者于 1936 年开始生产。M13/40 最主要的改进是调整了武器的安装位置,并换装功率更大的发动机。1940 年,意大利生产出第一辆 M13/40 样车,同年开始批量生产。与 M11/39 坦克的命名规则相同,M13/40 坦克的命名方式为:"M"是指"Medio"(意大利语:中型坦克)之意,而"13"是指该车预计的车重——13 吨,"40"则是生产年份——1940 年。

## 实战性能

M13/40 坦克的装甲由铆接的钢板所构成,厚度分别为:车前 30 毫米(同 M11/39)、炮塔前 42 毫米(M11/39 为 30 毫米)、侧面 25 毫米(M11/39 为 15 毫米)、车底 6 毫米(这使它非常容易被地雷所破坏)和顶部 15 毫米。该坦克的主要武器为 1 门 47 毫米火炮,能够在 500 米距离贯穿 45 毫米的装甲板,能有效对付英军的轻型坦克与巡航坦克,但仍无法对付较重型的步兵坦克。M13/40 坦克还装有 4 挺机枪:1 挺同轴机枪和 2 挺前方机枪,置于球形炮座。另外 1 挺机枪则弹性装设于炮塔顶,作为防空机枪。

### 趣味小知识

M13/40 坦克使用自英国维克斯 MK.E 轻型坦克衍生而来的传动系统,两侧各 8 个小型负重轮,使用弹簧叶片悬吊装置。履带以传统的钢板作骨架联结,且相当窄。这样的设计曾让意军以为在山区作战时能有良好的机动性,但后来 M13/40 坦克被部署到沙漠后证明机动性极差。

Chapter 03　非主战坦克

# 日本 97 式中型坦克

97 式中型坦克是日本在二战期间装备的最成功的一种坦克，于 1937 年设计定型，1938 年开始装备部队。

| 基本参数 | |
|---|---|
| 长度 | 5.52 米 |
| 宽度 | 2.33 米 |
| 高度 | 2.23 米 |
| 重量 | 15.3 吨 |
| 最大速度 | 38 千米/时 |
| 相关简介 | |

## 研发历史

1916 年，索姆河战役中出现了世界上第一辆坦克。随后，日本认识到了坦克的巨大价值，并马上引进了英国的 Mk Ⅳ 型坦克。在对该型坦克进行了仔细的研究后，日本研制出 89 式坦克。到了 20 世纪 30 年代中期，89 式坦克的火力和机动性已明显落后于当时世界坦克的发展潮流。为此，日军参谋总部和工程部在 1936 年决定发展一种新式坦克，于是采用了三菱重工的样车"奇哈"，将其定名为"97 式中战车"（即 97 式中型坦克）。1936 年，97 式坦克开始装备部队。

## 实战性能

97 式坦克的车体和炮塔均为钢质装甲，采用铆接结构，最大厚度 25 毫米。该坦克的主要武器为 1 门 97 式 57 毫米短身管火炮，可发射榴弹和穿甲弹，携弹量 120 发（榴弹 80 发、穿甲弹 40 发），其穿甲弹可以在 1 200 米距离上击穿 50 毫米厚的钢质装甲。辅助武器为 2 挺 97 式 7.7 毫米重机枪，携弹量 4 035 发，其中一挺为前置机枪，另一挺装在炮塔后部偏右的位置。

### 趣味小知识

1939 年 7 月，哈拉哈河战役中，有 4 辆 97 式坦克首次参加战斗。之后，97 式坦克在太平洋战争和东南亚战场上被大量使用。

# Chapter 04

# 自 行 火 炮

　　自行火炮是同车辆底盘构成一体、自身能运动的火炮，其越野性能好，进出阵地快，多数有装甲防护，战场生存力强，有些还可浮渡。自行火炮的使用，更有利于不间断地实施火力支援，使炮兵和装甲兵、摩托化步兵的战斗协同更加紧密。

Chapter 04　自行火炮

## 美国 M107 自行加农炮

M107 自行加农炮是美国于 20 世纪 60 年代研制的一款 175 毫米履带式自行加农炮，目前已从美国陆军退役。

尾部驻锄特写

履带特写

### 研发历史

M107 自行加农炮在 1962 年推出，由美国富美实公司生产。M107 自行加农炮与 M110 自行榴弹炮为同时期研制，由于当时美军的共通需求，因此两者采用了同一个系列的底盘。美军装备的 M107 自行加农炮在 20 世纪 70 年代后期退役，随后这些车体大多被改装为 M110 自行榴弹炮。除美国外，以色列、德国、西班牙、韩国、希腊、荷兰、意大利、英国、土耳其及其他部分北约国家等也有采用。

| 基本参数 | |
|---|---|
| 长度 | 6.46 米 |
| 宽度 | 3.15 米 |
| 高度 | 3.47 米 |
| 重量 | 28.3 吨 |
| 最大速度 | 80 千米/时 |
| 相关简介 | |

### 实战性能

M107 自行加农炮采用敞开式炮塔，与 M109 自行榴弹炮紧凑的装甲炮塔相比，炮手的活动更加自如，其 175 毫米加农炮在射速上和射程上能够压制装配 120 毫米火炮的主战坦克。不过，M107 自行加农炮的开放式车体设计虽然能够降低重量，但令防护力大幅减弱，较长的炮管也会影响车体平衡。为了尽快使火炮投入战斗，车组乘员必须技术熟练，配合默契。驾驶员、炮长、车长间必须通过交流，实现粗调车体方向的同时完成火炮的瞄准和射击参数的设定。

**趣味小知识**

在阿以战争中，以色列频繁使用 M107 自行加农炮，发射以色列制造的全装药炮弹时，可以精确轰击 50 千米内的目标。

## 美国 M109 自行榴弹炮

M109 自行榴弹炮是美国于 20 世纪 60 年代研制的 155 毫米自行榴弹炮，提供师级和旅级部队所需的非直射火力支援。

主炮后膛特写

顶部舱门特写

| 基本参数 | |
|---|---|
| 长度 | 9.1 米 |
| 宽度 | 3.15 米 |
| 高度 | 3.25 米 |
| 重量 | 27500 吨 |
| 最大速度 | 56 千米/时 |
| 相关简介 | |

### 研发历史

M109 自行榴弹炮的研发计划始于 1954 年，最初编号为 T196。1959 年，T196 第一辆原型车出厂，后因美国陆军于 1959 年决定未来所有装甲战斗车辆的发动机全部改用柴油发动机，T196 也进行必要的动力系统重新设计与更换，换装柴油发动机的 T196 改称 T196E1。1961 年 10 月，凯迪拉克汽车公司获得美国陆军授予的合约，于克利夫兰陆军坦克厂进行 T196E1 的量产工作。1963 年 7 月，T196E1 初期测评及操作测评结束，美国陆军正式给予 M109 制式编号，并正式进入美国陆军服役。同年，M109 量产合约改授予克莱斯勒汽车公司。

### 实战性能

M109 自行榴弹炮最初采用 1 门 M126 型 155 毫米 23 倍口径榴弹炮，之后的改进型陆续换装了 M126A1 型 155 毫米 23 倍口径榴弹炮、M185 型 155 毫米 33 倍口径榴弹炮、M284 型 155 毫米 39 倍口径榴弹炮。辅助武器为 1 挺 12.7 毫米 M2 机枪，并可加装 40 毫米 Mk 19 Mod 3 榴弹发射器、7.62 毫米 M60 机枪或 7.62 毫米 M240 机枪。M109 系列自行榴弹炮中性能最优异的是 M109A6 型，其炮塔内部加装"凯夫拉"防弹内衬，可以有效地保护乘员。此外，还增设了半自动弹药装填系统，可维持较高的持续射速。

### 趣味小知识

M109 自行榴弹炮具备两栖浮渡能力，在未经准备的状况下，可以直接涉渡 1.8 米深的河流。如果加装呼吸管等辅助装备，则能够以 6 千米/时的速度进行两栖登陆作业。

Chapter 04　自行火炮

## 美国 M110 自行榴弹炮

M110 自行榴弹炮是美国研制的一款 203 毫米履带式自行榴弹炮，也是二战后美国制造的自行火炮中装载火炮口径最大的一款。

履带特写

驻锄特写

| 基本参数 | |
|---|---|
| 长度 | 10.8 米 |
| 宽度 | 3.1 米 |
| 高度 | 3.1 米 |
| 重量 | 28.3 吨 |
| 最大速度 | 54.7 千米 / 时 |
| 相关简介 | |

### 研发历史

1956 年 1 月，美国太平洋汽车与铸造公司提交了一份新型重型自行榴弹炮的设计方案，并承接了设计、试制和生产任务。1958 年，公司开始了样车的底盘试验。1959 年，公司决定将动力装置由汽油机改为柴油机。1961 年 3 月，美国军方正式将其定型为 M110 自行榴弹炮。1962 年，第一批 M110 自行榴弹炮出厂。改进型号有 M110A1 和 M110A2，前者于 1977 年列装，后者于 1980 年服役。

### 实战性能

M110 自行榴弹炮采用专门设计的底盘，由于它没有炮塔，整车由火炮及底盘两大部分组成，车体为铝合金装甲全焊接结构。其优点是结构简单，便于减轻全车重量，不过也存在战斗部分没有装甲防护的巨大缺陷。M110 自行榴弹炮的主要武器为 1 门 203 毫米 M2A2 型榴弹炮，最大发射速度为 1.5 发 / 分，持续发射速度为 0.5 发 / 分。弹药基数为 60 发榴弹和 12 发核炮弹。

> **趣味小知识**
>
> M110 自行榴弹炮服役时，在美军中是以连级规模编制在师级单位下，或是采用独立营的编组隶属于炮兵指挥部，作为核打击的主力。

# 美国 M142 自行火箭炮

M142自行火箭炮是美国于21世纪初研制的一款轮式六管自行火箭炮,正式名称为M142高机动性多管火箭系统(M142 High Mobility Artillery Rocket System,M142 HIMARS),通常音译为"海马斯"。

| 基本参数 | |
|---|---|
| 长度 | 7米 |
| 宽度 | 2.4米 |
| 高度 | 3.2米 |
| 重量 | 10.9吨 |
| 最大速度 | 85千米/时 |
| 相关简介 | |

## 研发历史

M142自行火箭炮于2002年结束工程研制,有3门样炮编入第18空降军属炮兵旅,并在伊拉克战争中试用。2003年4月,洛克希德·马丁公司得到一份小批量试生产合同。2004年11月,M142自行火箭炮成功完成了大量作战试验,发射了所有类型的火箭弹并在作战环境中发射了大量训练火箭弹。2005年1月,洛克希德·马丁公司赢得了一份价值1亿美元的合同,继续进行M142自行火箭炮第三阶段低速试生产工作。

## 实战性能

M142自行火箭炮具有机动性能高、火力性能强、通用性能好等特点,它能为部队提供24小时全天候的支援火力,不仅可以发射普通火箭弹,也可以发射制导火箭弹和"陆军战术导弹",具备打击300千米以外目标的能力。M142自行火箭炮在设计上具有很强的通用性,发射弹药通用性强,可携带6枚火箭弹或1枚"陆军战术导弹",能够发射目前和未来多管火箭炮系统的所有火箭和导弹。

### 趣味小知识

M142自行火箭炮可用C-130运输机空运,从而迅速部署到履带式火箭炮系统所无法到达的战区,并且在运输机着陆后的15分钟内即可完成作战准备。

Chapter 04  自行火炮

# 美国 M270 自行火箭炮

M270 自行火箭炮是美国于 20 世纪 70 年代研制的带有装甲的自行多管火箭炮，正式名称为 M270 多管火箭系统（M270 Multiple Launch Rocket System，M270 MLRS）。

驾驶室车门特写

尾部特写

### 基本参数

| | |
|---|---|
| 长度 | 6.85 米 |
| 宽度 | 2.97 米 |
| 高度 | 2.59 米 |
| 重量 | 24.95 吨 |
| 最大速度 | 64.3 千米/时 |
| 相关简介 | |

## 研发历史

M270 火箭炮由美国沃特公司设计和生产，20 世纪 70 年代开始研制，1983 年装备美军。1983 年 5 月，法国、德国、英国、意大利与美国达成协议，五国将共同生产 M270 火箭炮，作为北约的制式武器，称为"多管火箭发射系统"（MLRS）。除了上述国家，该火箭炮现在已经装备了日本、韩国、泰国、新西兰、澳大利亚、荷兰、希腊、沙特阿拉伯、土耳其和以色列等国，总定购量超过 1 300 门。

## 实战性能

M270 自行火箭炮的发射箱可以携带 12 枚火箭或 2 枚 MGM-140 陆军战术导弹系统（ATACMS，前者携带有导引或无导引的弹头，射程可达 42 千米，ATACMS 的射程则达到 300 千米，而导弹的飞行高度可达到 50 千米。M270 自行火箭炮能够在 40 秒内全数射出 12 枚火箭或 2 枚 ATACMS 导弹，而这 12 枚火箭能够完全轰击 1 平方千米的范围，效果如同集束炸弹。M270 自行火箭炮可以在发射火箭之后，迅速转移阵地，以避免受到炮火反击。

### 趣味小知识

美军内部有时会戏称 M270 自行火箭炮为"指挥官的私人猎枪"，也有士兵称之为"吉卜赛货车"，因为该火箭炮缺少储物空间，导致士兵常常将杂物放在车顶。

## 俄罗斯 BM-13 自行火箭炮

BM-13 自行火箭炮是苏联于 20 世纪 30 年代研制的自行多管火箭炮，昵称"喀秋莎"。

车头特写

侧面特写

| 基本参数 | |
|---|---|
| 长度 | 7.5 米 |
| 宽度 | 2.3 米 |
| 高度 | 3.19 米 |
| 重量 | 5.73 吨 |
| 最大速度 | 50 千米/时 |
| 相关简介 | |

### 研发历史

1933 年，苏联成立火箭研究所，研制陆军和空军使用的火箭弹。1938 年，苏军的战斗机、攻击机、轰炸机装备了 82 毫米和 132 毫米航空火箭弹。1938 年，火箭研究所改为苏联弹药人民委员会第三研究所。由于技术队伍有限，试验和生产基础薄弱，第三研究所仅仅成功研制了航空火箭，其余武器项目均未取得结果。1937 年至 1938 年，第三研究所多位领导因故入狱。1938 年，BM-13 自行火箭炮在第 3 研究所的劳动竞赛背景下，由科技人员提出方案并研制成功。1939 年 12 月，BM-13 火箭炮通过了靶场实弹试验，但由于苏军高层的意见分歧，BM-13 火箭炮未能服役。直到苏德战争爆发后，BM-13 火箭炮才逐渐被苏军采用。

### 实战性能

BM-13 火箭炮是一款多轨道的自行火箭炮，由汽车部分和发射部分组成。发射部分由滑轨床、炮架、回转盘、底架、瞄准装置、发射装置等组成。滑轨床共有 8 条发射滑轨，每条滑轨上下各悬挂 1 枚火箭弹，可发射 16 枚 132 毫米火箭弹，既可单发，也可部分连发，或者一次齐射。相较于其他的火炮，BM-13 火箭炮能迅速地将大量的炸药倾泻于目标地，但其准确度较低且装弹时间较长。装填一次齐射的弹药约需 5 ~ 10 分钟，一次齐射仅需 7 ~ 10 秒。

## 俄罗斯 BM-21 自行火箭炮

BM-21 火箭炮是苏联于 20 世纪 60 年代研制的 122 毫米 40 管自行火箭炮，绰号"冰雹"（Grad）。

车头特写

发射架特写

### 研发历史

BM-21 火箭炮于 20 世纪 60 年代开始研制，1963 年开始装备苏联陆军炮兵部队，摩托化步兵师和坦克师属炮兵团均编有一个 BM-21 火箭炮营，装备该炮 24 门。除苏联外，阿尔及利亚、安哥拉、保加利亚、乍得、古巴、埃及、埃塞俄比亚、匈牙利、伊朗、伊拉克、黎巴嫩、墨西哥、莫桑比克、尼加拉瓜、波兰、叙利亚、坦桑尼亚、越南、赞比亚等国也都装备了这种火箭炮。

| 基本参数 | |
|---|---|
| 长度 | 7.35 米 |
| 宽度 | 2.4 米 |
| 高度 | 3.09 米 |
| 重量 | 13.71 吨 |
| 最大速度 | 75 千米 / 时 |
| 相关简介 | |

### 实战性能

BM-21 自行火箭炮由导向管、摇架、高低机、方向机、平衡机、瞄准装置和车体等部分组成，导向管分 4 层排列，每层 10 管，使用二道金属带固定，下方有侧面为梯形的底托与基座连接，在各型火箭炮中，属布局相对简单的一类。BM-21 自行火箭炮通常配置在己方前沿后 2 ~ 6 千米的范围内，压制纵深为 14 ~ 18 千米。该炮发射速度快，火力猛烈；行军状态和战斗状态转换快速，射击准备时间短；越野机动能力强。不过，BM-21 火箭炮也存在射击精度较低，稳定性稍差，发射时火光大，易暴露等缺点。

> **趣味小知识**
> 
> BM-21 火箭炮可发射爆破杀伤火箭弹、化学燃烧火箭弹等，全营齐射能发射 720 枚火箭弹或化学弹，超过美国陆军师全部常规火炮一次齐射量。

# 俄罗斯 2S5 自行加农炮

2S5 自行加农炮是苏联于 20 世纪 70 年代研制的一款 152 毫米自行加农炮，绰号"风信子"（hyacinth）。

| 基本参数 | |
|---|---|
| 长度 | 8.33 米 |
| 宽度 | 3.25 米 |
| 高度 | 2.76 米 |
| 重量 | 28.2 吨 |
| 最大速度 | 62 千米/时 |
| 相关简介 | |

## 研发历史

2S5 自行加农炮是苏联于 20 世纪 70 年代初期研制的两种 152 毫米火炮之一，另一种是 2A36 拖曳式榴弹炮。两者均在 20 世纪 70 年代中期开始量产，但 2S5 自行加农炮从未公开展出，而 2A36 拖曳式榴弹炮则在 1976 年公开展出，故北约给予 M1976 代号。2S5 自行加农炮直到 1981 年才被西方国家所知，故其北约代号为 M1981。2S5 自行加农炮于 1980 年开始列装，主要装备苏联炮兵师和集团军属炮兵旅。除苏联外，2S5 自行火炮的其他用户主要是华沙公约组织国家的陆军，并少量出售给芬兰陆军。

## 实战性能

2S5 自行加农炮采用 M1976 式 152 毫米加农炮，安装在底盘后部。火炮装有炮口制退器，没有抽气装置，也不设炮塔。射击时，放下车体后面的大型驻锄，以便承受炮身后坐力。2S5 自行加农炮的弹药采用弹头与装药分离的分离式弹药设计，可使用 46 千克重的高爆破片炮弹（最大射程为 28.4 千米）、火箭助推式炮弹（最大射程 40 千米），以及化学炮弹、特殊用途炮弹和战术核子炮弹等，也可发射激光导引炮弹以精确攻击点目标。除主炮外，车体上还装有 1 挺可遥控的 7.62 毫米机枪与 1 具探照灯。

### 趣味小知识

2S5 自行加农炮接获射击任务、进入战斗位置后，会将车尾的大型驻锄插入地面，以提供射击时的稳定性，待命备射需要 1 分钟左右，撤收需要 2 分钟左右。

Chapter 04　自行火炮

## 俄罗斯 2S9 自行迫击炮

2S9 自行迫击炮是苏联于 20 世纪 70 年代研制的一款可用于空降的 120 毫米自行迫击炮，现仍在俄罗斯军队中服役。

车头特写

尾部特写

### 研发历史

2S9 自行迫击炮于 20 世纪 70 年代后期研制，1979 年开始批量生产并一直持续到 1989 年。1981 年，2S9 自行迫击炮开始装备苏联军队。除了苏联空降突击师外，少数陆军部队和海军步兵也有部署，也曾参与 1979 年阿富汗战争，战后苏联将部分车辆转交阿富汗政府军使用。苏联解体后，俄罗斯军队仍继续使用 2S9 自行迫击炮。此外，阿塞拜疆、白俄罗斯、吉尔吉斯斯坦、摩尔多瓦、土库曼斯坦、乌克兰、乌兹别克斯坦等国也仍有一定数量的 2S9 自行迫击炮服役。

| 基本参数 | |
|---|---|
| 长度 | 6.02 米 |
| 宽度 | 2.63 米 |
| 高度 | 2.3 米 |
| 重量 | 8.7 吨 |
| 最大速度 | 60 千米/时 |
| 相关简介 | |

### 实战性能

2S9 自行迫击炮的主炮为 1 门 2A60 型 120 毫米后膛装填式迫击炮，具有极为少见的间断式螺旋炮闩机构，采用人力装填作业，最高射速为 10 发/分。使用的弹药依间接或直接射击方式可分为两大类：间接射击时可选用高爆炮弹、白磷弹和烟幕弹等弹种，发射高爆弹时最大射程为 8.8 千米，若使用火箭助推炮弹时最大射程可达 12.8 千米；直接射击时使用反坦克高爆弹，可击穿 600 毫米厚均质钢板。

#### 趣味小知识

由于重量较轻，2S9 自行迫击炮可以利用任何一种型号的俄制中型运输机（如安-22）或重型运输机（如伊尔-76）载运，并透过 PRSM-915 重型空投缓降系统（操作高度 300～1 500 米）进行空降作业。

# 俄罗斯 2S19 自行榴弹炮

2S19 自行榴弹炮是苏联于 20 世纪 80 年代末研制的一款 152 毫米履带式自行榴弹炮，从 1989 年服役至今。

| 基本参数 | |
|---|---|
| 长度 | 7.15 米 |
| 宽度 | 3.38 米 |
| 高度 | 2.99 米 |
| 重量 | 44.5 吨 |
| 最大速度 | 60 千米/时 |
| 相关简介 | |

## 研发历史

20 世纪 70 年代中期，苏联与北约国家同时认识到必须统一陆军师和集团军一级火炮的口径。苏联军界决定将 122 毫米、130 毫米、152 毫米、180 毫米和 203 毫米火炮，统一更换为使用分装式弹药的 152 毫米牵引式火炮和自行火炮。在伏尔加格勒"街垒"设计局总设计师谢尔盖耶夫领导下，2S19 自行榴弹炮的研制工作于 1976 年启动。1987 年，2S19 自行榴弹炮投入批量生产，1989 年交付部队服役。该炮及其改进型号，曾出口到白俄罗斯、乌克兰、埃塞俄比亚等国。

## 实战性能

2S19 自行榴弹炮全新设计的钢焊接结构炮塔体积庞大，在近距离内可防轻机枪和大口径榴弹破片的攻击。战斗室密封性相当好，室内装有标准的三防装置，可保证乘员在核生化条件下作战。火炮上装有密封严密的护罩，使乘员免受火炮后坐部分和发射药燃烧气体的影响。2S19 自行榴弹炮的火炮由陆军常规的 152 毫米 2A65 型牵引榴弹炮改良而成，装填自动化程度相当高。

### 趣味小知识

埃塞俄比亚是最早进口 2S19 自行榴弹炮的国家，该国在 1999 年与厄里特立亚爆发武装冲突期间购买了 10 辆。埃方对厄里特立亚运输车队的一次精确打击导致后者全面溃败，并误以为是空袭，因为在远距离上听不到火炮射击的声音。

## 英国 AS-90 自行榴弹炮

AS-90 自行榴弹炮是英国维克斯造船与工程公司（现 BAE 系统公司）研制的 1 门 155 毫米轻装甲自行榴弹炮，主要用户为英国陆军。

顶部舱门特写

履带特写

### 基本参数

| | |
|---|---|
| 长度 | 9.07 米 |
| 宽度 | 3.5 米 |
| 高度 | 2.49 米 |
| 重量 | 45 吨 |
| 最大速度 | 53 千米/时 |
| 相关简介 | |

### 研发历史

为了替换老式的"阿伯特"105 毫米榴弹炮和 M109 自行榴弹炮，英国原计划与德国、意大利联合研制新型自行火炮，但该计划不幸夭折。1981 年，英国陆军发出招标，最终英国维克斯造船和工程公司的 AS-90 方案中标。1992 年，AS-90 自行榴弹炮开始装备英国陆军。AS-90 自行榴弹炮还积极开拓国外市场，具有很高的出口潜力。

### 实战性能

AS-90 自行榴弹炮安装了 1 门 155 毫米 39 倍径火炮，射程并不是很远，但可靠性非常好，在长时间射击时，不会出现过热和烧蚀的现象。AS-90 自行榴弹炮的炮塔内留了较大的空间，可以在不作任何改动的情况下换装 155 毫米 52 倍径的火炮，动力舱也可以换装更大功率的发动机。155 毫米炮弹由半自动装弹机填装，使 AS-90 自行榴弹炮可以保持较高的射速，充分发挥火力奇袭的作用。AS-90 自行榴弹炮的辅助武器是 1 挺 7.62 毫米 GPMG 防空机枪，还有 2 具五联装烟幕弹发射器。

### 趣味小知识

AS-90 自行榴弹炮的火控系统非常先进，由惯性动态基准装置、炮塔控制计算机、数据传输装置等组成，可以完成自动测地、自动校准、自动瞄准等工作。

# 法国 CAESAR 自行榴弹炮

CAESAR 自行榴弹炮是法国研制的一款 155 毫米轮式自行榴弹炮,由法国地面武器工业集团设计和生产。

后膛特写

轮胎特写

| 基本参数 | |
|---|---|
| 长度 | 10 米 |
| 宽度 | 2.55 米 |
| 高度 | 3.7 米 |
| 重量 | 17.7 吨 |
| 最大速度 | 100 千米/时 |
| 相关简介 | |

## 研发历史

CAESAR 自行榴弹炮最初是由法国地面武器工业集团(GIAT)自筹资金研制,它是将 1 门 155 毫米 52 倍口径榴弹炮装在 6×6 型卡车上的轻型火炮系统,恰逢其时地满足了快速反应部队装备建设的需要。2003 年初,GIAT 向法国陆军提供了 5 套系统用于试验。2003 年 10 月,法国陆军决定采购更多的 CAESAR 自行榴弹炮,而不是继续升级老式的 AUF1 155 毫米履带式自行榴弹炮。除法国外,沙特阿拉伯、泰国和印度尼西亚等国也已采用了 CAESAR 自行榴弹炮。

## 实战性能

CAESAR 自行榴弹炮的最大优点就是机动性强,它的尺寸和重量都较小,非常适合通过公路、铁路、舰船和飞机进行远程快速部署。它可选用多种 6×6 卡车底盘,用户可自由灵活选择,最常用的是乌尼莫克 U2450L 底盘。CAESAR 自行榴弹炮可协同快速机动部队作战,公路最大速度达 100 千米/时,最大越野速度 50 千米/时。它能够快速地进入作战地区,能够在 3 分钟内停车、开火和转移阵地。

### 趣味小知识

CAESAR 自行榴弹炮从准备工作到开始射击只需 1 分钟,射击 6 发炮弹后撤出阵地仅需 3 分钟。

Chapter 04　自行火炮

# 德国 PzH 2000 自行榴弹炮

PzH 2000 自行榴弹炮是德国研制的一款155毫米自行榴弹炮，由德国克劳斯－玛菲·威格曼公司和莱茵金属公司联合研制。

## ▶ 研发历史

20世纪80年代初期，德国、英国、意大利开始合作研制 SP-70 自行榴弹炮，用于取代先前各国使用的美制 M109 自行榴弹炮。由于在发展上存在着分歧，计划在1986年底取消，各个国家自行发展。英国陆军发展出 AS-90 自行榴弹炮，意大利选用本国制造的"帕尔玛利"自行榴弹炮，而德国则展开自己的 PzH 2000 自行榴弹炮发展计划。1987年，德国国防技术与采购署和两个竞标团队签订研究试制合同，分别研制火炮原型，展开研究计划的第一阶段开发，最终克劳斯－玛菲·威格曼公司的团队胜出。1996年，德国陆军正式宣布 PzH 2000 成功通过各项测试并开始量产。

| 基本参数 | |
|---|---|
| 长度 | 11.7米 |
| 宽度 | 3.6米 |
| 高度 | 3.1米 |
| 重量 | 55.8吨 |
| 最大速度 | 67千米/时 |
| 相关简介 | |

## ▶ 实战性能

PzH 2000 自行榴弹炮车体的装甲厚度为 10～50 毫米，可抵御榴弹破片和 14.5 毫米穿甲弹。炮塔可加装反应装甲，可有效防御攻顶弹药。PzH 2000 自行榴弹炮采用莱茵金属公司 1 门 155 毫米 L52 火炮，配有热成像昼夜瞄准具、综合式定位定向系统、数字计算机，实现了自动瞄准、自动供弹。在使用普通弹药时射程即可达到 40 千米，使用增程弹时可以达到 56 千米的超远射程。此外，PzH 2000 自行榴弹炮还装有 1 挺 7.62 毫米 MG3 机枪和 16 具全覆盖烟幕弹发射器。

炮口制退器特写

侧面装甲特写

PzH 2000 自行榴弹炮开火

### 趣味小知识

PzH 2000 自行榴弹炮曾在热带和寒带地区进行试验，能够适应各种极端气候。

# Chapter 04 自行火炮

## 捷克斯洛伐克 RM-70 自行火箭炮

RM-70 自行火箭炮是捷克斯洛伐克于 20 世纪 60 年代研制的一款 122 毫米 40 管自行火箭炮,西方称之为 M1972 火箭炮。

车尾特写

发射管特写

### 基本参数

| | |
|---|---|
| 长度 | 8.75 米 |
| 宽度 | 2.5 米 |
| 高度 | 2.7 米 |
| 重量 | 33.7 吨 |
| 最大速度 | 85 千米/时 |
| 相关简介 |  |

### 研发历史

20 世纪 60 年代中后期,捷克斯洛伐克军队装备的 RM-51 火箭炮在射程、载车、自动化等方面已全面过时,亟待更新。作为华约成员国,捷克斯洛伐克能够很便利地从苏联进口所需装备,在获得生产许可证方面也有很多便利。在这一条件下,该国决定引进 BM-21"冰雹"火箭炮技术,研制自己的下一代火箭炮。新式火箭炮在 1972 年研制成功并装备部队,前捷克斯洛伐克将其定名为 RM-70 自行火箭炮。RM-70 自行火箭炮问世后,不仅大量装备捷克斯洛伐克军队,而且获得了其他许多国家的注意,开始大量出口。

### 实战性能

与 BM-21 自行火箭炮相比,RM-70 自行火箭炮装弹更迅速、装甲防护和越野机动性更好。RM-70 自行火箭炮的最远射程为 20 千米,其发射的火箭弹也不是苏联的原装产品,炸药和推进剂都是捷克斯洛伐克自行生产的。特别是 RM-70 自行火箭炮发射的布雷弹,每枚布雷弹中分别可装载 5 枚 PPMI-S1 型反人员地雷或 4 枚 PTMI-D 型反装甲地雷。这两型地雷均为捷克斯洛伐克国产。

#### 趣味小知识

2000 年,捷克开始和德国合作升级改进 RM-70 自行火箭炮。升级改进后的 RM-70 特别具备了模块化性能,既能够安装 28 根 122 毫米火箭发射管,又能够安装 6 根 227 毫米美制 M270 火箭发射管。

# 波兰 WR-40 自行火箭炮

WR-40 自行火箭炮是波兰于 21 世纪初研制的一款 122 毫米自行火箭炮，由苏联 BM-21 火箭炮改进而来，绰号"兰古斯塔"（Langusta）。

车头特写

车尾特写

| 基本参数 | |
|---|---|
| 长度 | 8.58 米 |
| 宽度 | 2.54 米 |
| 高度 | 2.74 米 |
| 重量 | 17 吨 |
| 最大速度 | 85 千米/时 |
| 相关简介 | |

## 研发历史

WR-40 自行火箭炮是波兰胡塔·斯塔洛瓦沃拉公司（Huta Stalowa Wola，HSW）为波兰陆军生产的多管火箭发射系统，在苏联 BM-21 "冰雹"自行火箭炮的基础上改进而来。2006 年，波兰国防部与 HSW 签订了 WR-40 自行火箭炮的初始生产合约，其试验型通过了 2007 年初的一系列测试。第一辆 WR-40 自行火箭炮于 2007 年 3 月交付波兰陆军，波兰计划用 WR-40 自行火箭炮同步替换 BM-21 自行火箭炮。

## 实战性能

WR-40 自行火箭炮能够打击敌军发射装置、防御工事和防御哨站，其 122 毫米 40 管发射架能够发射标准火箭和新型火箭。发射高低射界为 0 度到 +55 度，底盘中线右导线折角为 70 度，左导线折角为 102 度。发射器以每秒 7 度上升，垂直面的速度为每秒 5 度。发射器的左侧还有手动后备控制装置。WR-40 自行火箭炮可以发射最大射程 42 千米的装有高爆炸药弹头的火箭，重 66.4 千克，可以在 7 分钟内由载员手动装载。发射器能够在 20 秒内完成 40 管发射。

### 趣味小知识

WR-40 自行火箭炮可爬行 30 度前坡和 20 度侧坡，并可跨越 1.2 米的深坑。此外，WR-40 自行火箭炮还可以通过 C-130 运输机运载。

## 韩国 K9 自行榴弹炮

K9 自行榴弹炮是韩国于 20 世纪 90 年代研制的一款 155 毫米 52 倍口径自行榴弹炮,能为韩国陆军在山地战场提供有效的远程火力支援。

尾部舱门特写

炮弹药舱特写

| 基本参数 | |
|---|---|
| 长度 | 12 米 |
| 宽度 | 3.4 米 |
| 高度 | 2.73 米 |
| 重量 | 47 吨 |
| 最大速度 | 67 千米/时 |
| 相关简介 | |

### 研发历史

多年来,韩国自行火炮的主力一直是美国 M109A2 式 155 毫米 39 倍口径自行榴弹炮。20 世纪 80 年代末,为满足 21 世纪的作战需求,韩国陆军拟订了新型 155 毫米 52 倍口径自行榴弹炮的研制计划,关键性要求包括提高射速、射程、射击精度及高机动性等。经过竞争,韩国三星造船与重工业公司成为新型自行榴弹炮的主承包商。1994 年,第一门样炮 XK9 完成。1998 年,韩国陆军将 XK9 定型为 K9,随后组建了第一个炮兵营,包括 3 个炮兵连,每个连装备 6 门 K9 自行火炮。

### 实战性能

K9 自行榴弹炮的炮塔和车体为钢装甲全焊接结构,最大装甲厚度为 19 毫米,可防中口径轻武器火力和 155 毫米榴弹破片。K9 自行榴弹炮的制式装备包括美国霍尼韦尔公司的模块式定向系统、自动火控系统、火炮俯仰驱动装置和炮塔回转系统。停车时,火炮可在 30 秒内开火,行军时可在 60 秒内开火。利用车载火控系统,该炮可实现 3 发弹同时弹着。K9 自行榴弹炮的主炮可发射所有北约制式 155 毫米弹药,包括杀伤爆破弹、杀伤爆破底排弹、火箭增程弹、子母弹、发烟弹、照明弹和化学弹等。此外,还可发射各种类型的全膛增程弹。

# 日本 75 式自行榴弹炮

75 式自行榴弹炮是日本于 20 世纪 60 年代研制的一款 155 毫米履带式自行榴弹炮,从 1975 年服役至今。

| 基本参数 | |
|---|---|
| 长度 | 6.63 米 |
| 宽度 | 3.07 米 |
| 高度 | 2.54 米 |
| 重量 | 25.3 吨 |
| 最大速度 | 67 千米/时 |
| 相关简介 | |

## 研发历史

75 式自行榴弹炮于 1969 开始研发,车体由三菱重工负责,主炮和炮塔由日本制钢所负责。第一门样炮于 1971 年制造完成。1975 年,75 式自行榴弹炮定型并投入批量生产,同年进入日本陆上自卫队服役。因为日本法律不允许出口军用设备,所以 75 式自行榴弹炮没有出口到其他国家。

## 实战性能

75 式自行榴弹炮的身管采用自紧工艺,炮塔为全密封式,装备有液压装置、炮弹装填系统、火控系统、三防设备、通信设备等。由于大量采用铝合金,因此重量较轻。75 式自行榴弹炮的火炮是 155 毫米 L30 型榴弹炮,配备自动装弹机。火炮可发射标准穿甲弹和火箭助推杀伤爆破弹,烟幕弹和照明弹,可兼容所有北约标准的 155 毫米弹药。由于使用了 74 式主战坦克使用的发动机,75 式自行榴弹炮的机动性较强,能够对付突然出现的目标。

### 趣味小知识

75 式自行榴弹炮主要装备日本陆上自卫队自行炮兵部队,共有 201 辆配备在北部方面队各师团特科连队。

## Chapter 04　自行火炮

# 日本 87 式自行防空炮

87 式自行防空炮是日本于 20 世纪 70 年代末研制的一款 35 毫米双联装自行防空炮，从 1987 年服役至今。

雷达特写

炮塔特写

### 基本参数

| | |
|---|---|
| 长度 | 7.99 米 |
| 宽度 | 3.18 米 |
| 高度 | 4.4 米 |
| 重量 | 38 吨 |
| 最大速度 | 53 千米 / 时 |
| 相关简介 | |

## 研发历史

20 世纪 70 年代，日本为了替换美国提供的 M42 自行高射炮及 M15A1 防空炮，在 1979 年开始设计新型自行防空装甲车辆。1982 年完成部件试制，1984 年初制成第一辆样车，研制厂商是三菱重工业公司和三菱电机公司。1984 年至 1986 年进行各种试验，1987 年正式定型，命名为 87 式 35 毫米自行高炮。

## 实战性能

87 式自行防空炮是由炮身、摇架、反后坐装置、高低机、方向机和装填机等部分组成，底盘采用日本 74 式主战坦克底盘，因此具有较强的机动性。87 式自行防空炮装备了较先进的火控系统，包括搜索雷达、跟踪雷达、激光雷达、电视摄像跟踪系统等多种装置，具有较强的抗电子干扰能力，但使用和维修较复杂。87 式自行防空炮装有新型炮塔，炮塔上装备 2 门 35 毫米机炮，射速为 550 发 / 分，携带 300 发榴弹和 20 发穿甲弹。该炮机动能力强，射速高，精度高。

### 趣味小知识

87 式自行防空炮的自动化水平较高，实现了跟踪、搜索、处理、射击、保障一体化，有单车作战能力，火力反应速度快，采用雷达跟踪与光学跟踪重复配置，可在多种条件下执行火力掩护任务。

# 日本 96 式自行迫击炮

96 式自行迫击炮是日本于 20 世纪 90 年代研制的一款 120 毫米履带式自行迫击炮，从 1996 年服役至今。

| 基本参数 | |
|---|---|
| 长度 | 6.7 米 |
| 宽度 | 2.99 米 |
| 高度 | 2.95 米 |
| 重量 | 23.5 吨 |
| 最大速度 | 50 千米/时 |
| 相关简介 | |

## 研发历史

20 世纪 90 年代初期，日本军方认为 60 式自行迫击炮的性能已经落后，于是从 1992 年起开始着手新型自行迫击炮的研制工作，一方面由丰和工业公司按特许生产方式生产法国汤姆逊·布朗公司的 MO120RT 型 120 毫米迫击炮；另一方面，由日立制作所完成底盘的改装工作。研制工作较为顺利，1996 年完成样车，并定型为 96 式 120 毫米自行迫击炮。

## 实战性能

96 式自行迫击炮采用的火炮是 1 门 120 毫米线膛迫击炮，采用尾部装弹方式，弹丸靠旋转稳定，所配用的弹种有榴弹、照明弹、发烟弹、预制破片弹、火箭增程弹等。发射榴弹时的最大射程 8.1 千米，发射火箭增程弹时的最大射程可达 13 千米。最大射速为 15~20 发/分，弹药基数为 50 发。辅助武器为 1 挺 12.7 毫米机枪。

### 趣味小知识

96 式自行迫击炮的底盘与日本 92 式扫雷车、87 式炮兵弹药车、73 式牵引式车属同一系列，但车体进行了加长，每侧增加一个负重轮。

## 日本 99 式自行榴弹炮

99 式自行榴弹炮是日本研制的一款 155 毫米自行榴弹炮，目前是日本陆上自卫队的主力自行火炮。

| 基本参数 | |
|---|---|
| 长度 | 11.3 米 |
| 宽度 | 3.2 米 |
| 高度 | 4.3 米 |
| 重量 | 40 吨 |
| 最大速度 | 50 千米/时 |
| 相关简介 | |

### 研发历史

1983 年，日本获得了特许生产瑞典 FH70 牵引式榴弹炮的许可证，生产出的榴弹炮装备本州以南的炮兵团。FH70 发射普通榴弹时的最大射程达到 24 千米，发射火箭增程弹时达到 30 千米。这导致本应装备最先进武器装备的北海道师属炮兵团，其自行榴弹炮的性能大大落后于本州以南各炮兵团。于是，日本从 1985 年起着手研制新型自行榴弹炮，并委托小松制作所和三菱重工联合进行设计工作。1992 年，提出了新型自行榴弹炮的战术技术指标，并开始设计和部件试制。1994 年，生产出技术演示样车。1996 年，开始了技术试验。1997-1998 年，开始了使用试验。1999 年底，定名为 99 式自行榴弹炮。

### 实战性能

99 式自行榴弹炮的主炮为 1 门 52 倍口径的长身管 155 毫米榴弹炮，带自动装弹机，可以发射北约标准的 155 毫米弹药，其装药为新研制的 99 式发射药。火炮发射普通榴弹的最大射程为 30 千米，发射底部排气弹的最大射程达 40 千米。99 式自行榴弹炮的火控系统高度自动化，具有自动诊断和自动复原功能。尽管炮车上未装 GPS 系统，但车上装有惯性导航装置，可以自动标定自身位置，并且可以和新型野战指挥系统共享信息。这样，从炮车进入阵地到发射第一发炮弹，仅需要 1 分钟的时间，便于采取"打了就跑"的战术。

> **趣味小知识**
> 99 式自行火炮的配套车辆为 99 式供弹车，可装载 90 发 155 毫米炮弹。

# Chapter 05

# 履带式装甲车

履带式装甲车具有高度的越野机动性能,火力和防护力也较强,可为步兵和作战物资提供装甲保护,也可支援步兵战斗。二战以来,世界各国研制了大量履带式或半履带式装甲车,在战争中发挥了重要作用。

Chapter 05　履带式装甲车

## 美国 M3 半履带装甲车

M3 半履带装甲车（M3 Half-track Car）是美国在二战及冷战时期使用的半履带装甲车辆，有着较高的机动性、载重量和防护装甲。

乘员座椅特写

履带特写

| 基本参数 | |
| --- | --- |
| 长度 | 6.18 米 |
| 宽度 | 2.22 米 |
| 高度 | 2.26 米 |
| 重量 | 9.3 吨 |
| 最大速度 | 72 千米 / 时 |
| 相关简介 | |

### 研发历史

20 世纪 30 年代，许多国家开始发展机械化部队，为了配合战车的运动速度与越野能力，半履带车加上防护装甲之后成为最常见的型态。二战期间，美国 M3 半履带装甲车与德国 SdKfz251 半履带装甲车是最著名的代表。美国从 1932 年至 1940 年，先后制造出 T-1、T-8、T-14 半履带装甲车，后来，T-14 被定型为 M2 半履带装甲车，主要作为侦察车和牵引车使用，T-8 被定型为 M3 半履带装甲输送车。

### 实战性能

M3 半履带装甲车是以 M3 装甲侦察车和 M2 半履带装甲车为基础改进而来，有着比 M2 半履带装甲车更长的车体，车尾有一个进出口，并设有可承载 13 人步枪班的座位。座位底下设有架子，用来存放弹药及补给。座位后方还有额外的架子，用以放置步枪及其他物品。在车壳外履带上方设有一个小架子，用以存放地雷。早期型的 M3 半履带装甲车在前座后方设有枢轴，装有 1 挺 12.7 毫米 M2 重机枪。之后 M3 进一步升级为 M3A1，为机枪设置了有装甲保护的射击平台，而乘员座旁架设了 2 挺 7.62 毫米机枪。

> **趣味小知识**
> 
> M3 半履带装甲车结合了转向用的车轮与驱动用的履带，可以胜任多种任务，既可装载士兵，还可以拖曳大炮，或装备反坦克火炮、防空火炮、重型火炮和迫击炮等武器。

# 美国 M728 战斗工程车

M728 战斗工程车（M728 Combat Engineer Vehicle）是美国底特律阿森纳坦克工厂（现通用动力公司地面系统分部）设计制造的履带式战斗工程车，从 1965 年服役至今。

推土铲特写

| 基本参数 | |
|---|---|
| 长度 | 8.83 米 |
| 宽度 | 3.66 米 |
| 高度 | 3.3 米 |
| 重量 | 48.3 吨 |
| 最大速度 | 48 千米/时 |
| 相关简介 | |

## 研发历史

M728 战斗工程车以 M60A1 主战坦克的底盘为基础，第一辆样车称为 T118E1，1963 年设计定型，1965 年开始批量生产并装备部队。在美国陆军中，M728 战斗工程车主要配备装甲师、机械化师和步兵师的工兵营，每个营配备 8 辆，而步兵师的工兵营配备 3 辆，每个独立工兵连配 2 辆。M728 战斗工程车于 1987 年停产，总产量为 291 辆。截至 2019 年 4 月，该车仍在服役，大部分装备美国陆军，少数服役于阿曼、葡萄牙、摩洛哥、沙特阿拉伯、新加坡等国。

## 实战性能

M728 战斗工程车的用途是破坏敌野外防御工事和路障，填平间隙、弹坑和壕沟，设置火力阵地和路障。车体各部位的装甲厚度在 13 毫米至 120 毫米，车体前面有 A 形框架，不需要时向后平躺在车体后部，最大起吊重量为 15.8 吨。安装在炮塔后部的双速绞盘备有直径 19 毫米的钢绳 61 米，由车长操纵。安装在车前的推土铲由液压驱动。该车装备 1 门 M135 型 165 毫米破坏工事炮，炮塔可作 360 度旋转，转速为 1.6 度/秒。此外，还与主炮并列安装 1 挺 M240 型 7.62 毫米机枪，指挥塔上安装 1 挺 M85 型 12.7 毫米机枪。

## Chapter 05 履带式装甲车

# 美国 M113 装甲运兵车

M113 装甲运兵车（M113 armored personnel carrier）是美国于 20 世纪 50 年代研制的一款装甲运兵车，因便宜好用、改装方便而被世界上许多国家采用。

履带特写

仪表盘特写

| 基本参数 | |
|---|---|
| 长度 | 4.86 米 |
| 宽度 | 2.69 米 |
| 高度 | 2.5 米 |
| 重量 | 12.3 吨 |
| 最大速度 | 67.6 千米/时 |
| 相关简介 | |

### 研发历史

20 世纪 50 年代，食品机械化学公司凯撒铝业公司联合研发出可以作为造车材料用的铝合金，让装甲车设计师找到了满足防御力及重量平衡的解决方案。根据美国陆军的需求，食品机械化学公司提出了两种初期概念设计，即 T113 和 T117，前者就是后来的 M113 装甲运兵车。1960 年，M113 开始进入美国陆军服役。1964 年 M113A1 定型生产后，又先后发展了 M113A2、M113A3 等改进型号。为了适应现代战争的需要，1978 年和 1984 年美国又对 M113 和 M113A1 进行了两次现代化改进。

### 实战性能

M113 装甲运兵车使用航空铝材制造，使得车体重量较轻，并且具备不逊于钢材的防护力。该车采用全履带配置并有部分两栖能力，也有越野能力，在公路上可以高速行驶。M113 装甲运兵车只需要 2 名乘员（驾驶员和车长），后方可以运送 11 名步兵。该车的主要武器是 12.7 毫米 M2 重机枪，由车长操纵。除此之外，还可以加装 40 毫米 Mk 19 自动榴弹发射器、反坦克无后坐力炮甚至反坦克导弹。

#### 趣味小知识

M113 装甲运兵车的衍生型较多，可以担任运输到火力支援等多种角色。

# 美国 AIFV 步兵战车

AIFV 是由美国食品机械化学公司于 20 世纪 70 年代制造的履带式步兵战车，目前仍在荷兰、菲律宾和比利时等国服役。

| 基本参数 ||
|---|---|
| 长度 | 5.29 米 |
| 宽度 | 2.82 米 |
| 高度 | 2.79 米 |
| 重量 | 11.4 吨 |
| 最大速度 | 61 千米/时 |
| 相关简介 | |

## 研发历史

1967 年，食品机械化学公司根据与美国陆军签订的合同，制造了 2 辆 MICV 步兵战车，命名为 XM765 型。这两辆样车是以 M113 装甲运兵车为基础研制的，主要改进是在车体上开了射孔，安装了全密闭式炮塔。第一辆样车于 1970 年制成，全密闭式炮塔位于车体中央、驾驶员和动力舱位置的后面，紧靠其后为车长指挥塔，这样布置使车长前方视界太小。后来重新设计，使车长位于驾驶员的左后方，炮塔移到发动机的右后方，并正式将该车命名为 AIFV 步兵战车。

## 实战性能

AIFV 步兵战车的车体采用铝合金焊接结构，车体及炮塔都披挂有间隙钢装甲，用螺栓与主装甲连接。这种间隙装甲中充填有网状的聚氨酯泡沫塑料，重量较轻，并有利于提高车辆水上行驶时的浮力。为了避免意外事故，车内单兵武器在射击时都有支架。舱内还有废弹壳搜集袋，以防止射击后抛出的弹壳伤害邻近的步兵。该车的主要武器为 1 门 25 毫米 KBA-B02 机关炮，备弹 320 发。机炮左侧有 1 挺 7.62 毫米 FN 并列机枪，备弹 1840 发。此外，车体前部还有 6 具烟幕弹发射器。

### 趣味小知识

AIFV 步兵战车能用履带划水在水中行驶，入水前将车前折叠式防浪板升起。

## Chapter 05　履带式装甲车

## 美国 M2"布雷德利"步兵战车

　　M2"布雷德利"步兵战车是美国于 20 世纪 80 年代研制的履带式步兵战车，可独立作战或协同坦克作战。

载员舱内部特写

照明灯特写

| 基本参数 ||
| --- | --- |
| 长度 | 6.55 米 |
| 宽度 | 3.6 米 |
| 高度 | 2.98 米 |
| 重量 | 30.4 吨 |
| 最大速度 | 66 千米 / 时 |
| 相关简介 | |

### 研发历史

　　1972 年 4 月，美国陆军认为当时现役的 M113 装甲运兵车已经不适合战斗中的要求，于是推出了新的步兵战车发展计划。该计划得到了克莱斯勒集团、食品机械化学公司（后被联合防卫公司并购）、太平洋汽车和铸造公司的积极响应，最终食品机械化学公司赢得了竞标。1975 年夏季，食品机械化学公司生产出了 XM-732 步兵战车。XM-732 步兵战车后来按照美国军方的意见进行修改，1980 年被命名为 M2"布雷德利"步兵战车，1981 年正式量产，随后进入美国军队服役。

### 实战性能

　　M2"布雷德利"步兵战车的车体为铝合金装甲焊接结构，其装甲可以抵抗 14.5 毫米枪弹和 155 毫米炮弹破片。该车的主要武器是 1 门 M242"大毒蛇"25 毫米机关炮，射速有单发、100 发 / 分、200 发 / 分、500 发 / 分四种，可由射手选择。战车炮塔还装有 1 挺 7.62 毫米并列机枪，以及 1 具 BGM-71"陶"式反坦克导弹发射架。除 3 名车组人员外，M2"布雷德利"步兵战车最多可以搭载 7 名乘员。

#### 趣味小知识

　　M2"布雷德利"步兵战车的车首前上装甲、顶装甲和侧部倾斜装甲采用铝合金，车首前下装甲、炮塔前上部和顶部为钢装甲，车体后部和两侧垂直装甲为间隙装甲。

# 美国 LVTP-5 两栖装甲车

LVTP-5 是美国海军陆战队在 20 世纪 50 年代至 70 年代使用的两栖履带装甲车,有多种型号,包括地雷清扫车、指挥车、救援拖吊车和火力支援车等,最常见的是装甲运兵车。

前方舱门特写

侧面装甲特写

### 基本参数

| | |
|---|---|
| 长度 | 9.04 米 |
| 宽度 | 3.57 米 |
| 高度 | 2.92 米 |
| 重量 | 37.4 吨 |
| 最大速度 | 48 千米/时 |
| 相关简介 | |

## 研发历史

根据美国海军陆战队的要求,1950 年 12 月英格索尔公司与海军船务局签订合同,研制新一代的两栖装甲战车。1951 年 1 月开始研制,第一辆样车代号为 LVTP-X1,同年 8 月完成。LVTP-5 于 1952 年开始生产并持续到 1957 年,先后共制造 1100 余辆。1956 年,LVTP-5 首次用于黎巴嫩登陆作战。到 20 世纪 60 年代,该车全部在动力舱顶部装了盒式通气管,并进行了一些其他少量改动,定名为 LVTP-5A1。

## 实战性能

LVTP-5 两栖装甲车的车体是驳船形全焊接结构,甲板内侧由骨架支撑。虽然 LVTP-5 两栖装甲车相对之前的同类装甲车来说,其装甲有所加固,但敌方火力也在加强,所以它在面对诸如火箭筒之类的武器时,仍不能有效防御。油箱的位置设计在兵员舱的下方,在地雷威力波及下汽油容易因此诱爆,以实战观点而言设计并不成功。该车的固定武器只有 1 挺 7.62 毫米 M1919A4 机枪,火力相对不足。因此,美军通常会利用 LVTP-5 的大容量货舱进行应急改装,比如堆放沙包增强防御力,装备无后坐力炮或是迫击炮提供更有效的火力掩护等。

### 趣味小知识

LVTP-5 两栖装甲车的运载量较大,通常可载士兵 34 人,4 条长椅各坐 8 人,另外 2 人坐在机枪平台上,紧急时可运载 45 名站立着的士兵。

# 美国 AAV-7A1 两栖装甲车

AAV-7A1 是美军现役的两栖装甲车，原名 LVT-7。该车主要有三种衍生型，即 AAVP-7A1（人员运输车）、AAVC-7C1（指挥车）和 AAVR-7R1（救援车）。

## 研发历史

LVT-7 开发方案自 1964 年开始，由食品机械化学公司得标，在 1966 年正式开发，1969 年制造出测试用车。经过测试后于 1972 年开始进入美国海军陆战队服役，逐步替换当时使用中的 LVT-5 登陆车。LVT-7 仅有 1 座装有 M85 重机枪的炮塔，同时缺乏核生化防护设备，因此生产到 1974 年便停产。1982 年，食品机械化学公司与美国海军陆战队签订 LVT-7 服役寿命延长计划的合约，主要项目包括更换改良型的发动机、传动系统与武器系统，以及提升车辆的整体可靠性。在翻新时美军也更改了装备代号，1985 年起更名为 AAV-7A1。此后，该车又陆续经过了数次改进，预计将服役到 2030 年。

| 基本参数 | |
|---|---|
| 长度 | 7.94 米 |
| 宽度 | 3.27 米 |
| 高度 | 3.26 米 |
| 重量 | 22.8 吨 |
| 最大速度 | 72 千米/时 |
| 相关简介 | |

## 实战性能

AAVP-7A1 是最主要的车型，拥有运载 25 名全副武装陆战队员的能力。相较于 M2 "布雷德利" 步兵战车，AAV-7A1 系列装甲车的主要缺点在于贫弱的防护力。AAVP-7A1 的主要武器是 1 台 40 毫米 Mk 19 自动榴弹发射器，辅助武器是 12.7

毫米 M2HB 重机枪。此外，还能安装 Mk 154 地雷清除套件，可以发射 3 条内含炸药的导爆索，以清除沙滩上可能埋藏的地雷或其他障碍物。

前下装甲特写　　　　　　　　　　载员舱内部特写

日本自卫队装备的 AAVP-7A1 两栖装甲车

### 趣味小知识

AAV-7A1 是美国海军陆战队的主要两栖兵力运输工具，可由两栖登陆舰艇上运输登陆部队及其装备上岸。登陆上岸后，可作为装甲运兵车使用，为部队提供战场火力支援。

## Chapter 05 履带式装甲车

## 美国 M9 装甲战斗推土机

M9 装甲战斗推土机是美国机动装备研究与发展中心研制的一款履带式工程车，1979 年正式服役。

履带特写

照明灯特写

| 基本参数 | |
| --- | --- |
| 长度 | 6.25 米 |
| 宽度 | 3.2 米 |
| 高度 | 2.7 米 |
| 重量 | 24.4 吨 |
| 最大速度 | 48 千米 / 时 |
| 相关简介 | |

### 研发历史

M9 装甲战斗推土机是专门针对战斗工兵而设计，而不是由其他车种改装而成。该车于 1975 年 1 月生产出样车，1976 年 8 月完成试验鉴定工作，1977 年 2 月批准定型。1979 年财政年度曾要求生产 75 辆，但因经费问题，只能生产 29 辆。1982 年 11 月拨款 2 900 万美元，预定 15 辆，其中 1 930 万美元用于车辆生产，其余经费用于产品改进。1985 年，美国陆军最后计划订购 1 400 辆，优先装备新建的第 86 师战斗工兵部队。此后，美国海军陆战队也有订购。截至 2017 年 7 月，M9 装甲战斗推土机仍在服役。

### 实战性能

M9 装甲战斗推土机的车体全部用铝合金焊接，重要部位装有钢合金及"凯夫拉"防弹纤维。车辆前部安装有刮土斗、液压操纵的挡板和机械式退料器。推土铲刀装在挡板上，推土和刮土作业是通过液气悬挂装置使车辆的头部抬起或降落实现的，该悬挂装置还能使车辆倾斜到用铲刀的一角进行作业，推土作业能力几乎是一般斗式刮土机的 2 倍。该车铲斗的最大翻转角为 50 度，一次土方量为 4.58 ~ 5.35 立方米。铲斗的提升高度能使该车直接将货物卸到 5 吨卡车上。铲斗后背与推土铲刀之间的夹紧力为 27 千牛，能使该车同时拔起 3 根树桩和类似的物体。

> **趣味小知识**
> 
> M9 装甲战斗推土机的爬坡能力为 31%（纵坡）和 19%（横坡），越壕宽度为 1.57 米，能克服 0.45 米高的垂直障碍，涉水深度为 1.83 米，水上前进速度为 4.8 千米 / 时。

123

## 俄罗斯 BMD-1 伞兵战车

BMD-1 伞兵战车是苏联于 20 世纪 60 年代研制的履带式伞兵战车，1969 年正式装备空降部队。该车是 BMD 系列伞兵战车的第一款，至今仍在俄罗斯军队服役。

炮塔特写

前下装甲特写

### 研发历史

二战后直到 20 世纪 60 年代初，苏联空降军仅装备 ASU-57 和 ASU-85 空降自行反坦克炮，属于火力支援兵器，苏联空降军急需研制一种可空投的突击作战兵器。在此背景下，BMD-1 的研制被提上日程。在 BMP-1 步兵战车的基础上，苏联研发部门将其缩小尺寸，降低重量，并且应用空投技术，研制出了 BMD-1 伞兵战车。这也是 BMD 系列伞兵战车的特点，和 BMP 系列步兵战车一一对应，可视为后者的"空降变型车"。

| 基本参数 | |
|---|---|
| 长度 | 5.34 米 |
| 宽度 | 2.65 米 |
| 高度 | 2.04 米 |
| 重量 | 7.5 吨 |
| 最大速度 | 70 千米/时 |
| 相关简介 | |

### 实战性能

BMD-1 伞兵战车的车体采用焊接结构，主炮为 1 门 73 毫米 2A28 滑膛炮，弹药基数 40 发，以自动装弹机装弹，配用的弹种为定装式尾翼稳定破甲弹，初速 400 米/秒。火炮俯仰和炮塔驱动均采用电操纵，必要时也可以手动操作。主炮右侧有 1 挺 7.62 毫米并列机枪，弹药基数为 2 000 发。在炮塔的吊篮内有废弹壳搜集袋。炮塔内有通风装置，用于排出火药气体。炮塔上方有"赛格"反坦克导弹的单轨发射架，除待发弹外，炮塔内还有 2 枚备用弹。

### 趣味小知识

BMD-1 伞兵战车可水陆两用，水上行驶时用车体后部的两个喷水推进器推进，在入水前将车前的防浪板升起，排水泵工作。

## 俄罗斯 BMD-2 伞兵战车

BMD-2 伞兵战车是苏联于 20 世纪 80 年代研制的一款履带式伞兵战车，1988 年正式装备空降部队，是 BMD 系列伞兵战车的第二款。

| 基本参数 | |
|---|---|
| 长度 | 5.34 米 |
| 宽度 | 2.65 米 |
| 高度 | 2.04 米 |
| 重量 | 8.23 吨 |
| 最大速度 | 60 千米/时 |
| 相关简介 | |

BMD-2 伞兵战车

### 研发历史

BMD-1 伞兵战车拥有速度快、行程大等优点，但是火力不足，在面对敌方重火力时，无法以更重的火力进行压制。20 世纪 80 年代，苏联针对 BMD-1 伞兵战车的这项弱点进行了改进，其结果就是 BMD-2 伞兵战车。1985 年，BMD-2 伞兵战车正式服役。

### 实战性能

BMD-2 伞兵战车和 BMD-1 伞兵战车的整体框架一致，只是武器有所不同。BMD-2 伞兵战车的主要武器为 1 门 2A42 型 30 毫米机关炮，在其上方装有 1 具 AT-4（后期型号装备 AT-5）反坦克火箭筒（射程 500 ~ 4 000 米）。辅助武器为 1 挺 7.62 毫米并列机枪，备弹 2 980 发，还有 1 挺 7.62 毫米航空机枪，备弹 2 980 发。载员舱侧面开有射击孔，乘员可在车内向外以轻武器射击。

#### 趣味小知识

与 BMD-1 伞兵战车相比，BMD-2 伞兵战车的重量增加，整车单位功率下降，最大陆上速度也因此下降了 10 千米/时。不过，最大行程得以提升。

# 俄罗斯 BMD-3 伞兵战车

BMD-3 伞兵战车是苏联于 20 世纪 80 年代研制的一款履带式伞兵战车，1990 年正式装备空降部队和海军，是 BMD 系列伞兵战车的第三款。

| 基本参数 | |
|---|---|
| 长度 | 6.51 米 |
| 宽度 | 3.134 米 |
| 高度 | 2.17 米 |
| 重量 | 13.2 吨 |
| 最大速度 | 60 千米/时 |
| 相关简介 | |

## 研发历史

20 世纪 80 年代末，苏联空降兵科研所在无平台伞降系统"舍利弗"的基础上，为苏联新一代伞兵战车 BMD-3 研制出了 PBS-950 伞降系统，不需要伞降平台，直接装在战斗车上即可。1990 年，BMD-3 伞兵战车正式开始服役，主要装备苏联空降部队和海军陆战队。在苏联解体后，BMD-3 伞兵战车仍继续在俄罗斯军队中服役。

## 实战性能

BMD-3 伞兵战车的设计是以 BMD-1 伞兵战车和 BMD-2 伞兵战车为基础的，但其底盘、舱室布置、发动机功率和悬挂方式完全不同，因此它算是一款全新的战车。BMD-3 伞兵战车的主要武器为 1 门 2A42 型 30 毫米高平两用机关炮，可发射穿甲弹和高爆燃烧弹，备弹 860 发。炮塔顶部后方安装有 1 具 AT-4 反坦克导弹发射器，备弹 4 枚。辅助武器为 1 挺 7.62 毫米并列机枪（备弹 2 000 发）、1 挺 5.45 毫米车前右侧机枪（备弹 2 160 发）和 1 具 AG-17 型 30 毫米榴弹发射器（备弹 551 发）。载员舱侧面开有射击孔，载员可在车内向外以轻武器射击。

### 趣味小知识

BMD-3 伞兵战车具备两栖行进能力，车体尾部有两个喷水推进器，车前有防浪板，水上行驶可抗 5 级风浪，并且可在海面空投。

# 俄罗斯 BMD-4 伞兵战车

BMD-4 伞兵战车是俄罗斯于 20 世纪 90 年代研制的一款履带式伞兵战车,是 BMD 系列伞兵战车的第四款。该车主要装备俄罗斯空降军,并有部分出口到其他国家。

| 基本参数 | |
|---|---|
| 长度 | 6.51 米 |
| 宽度 | 3.13 米 |
| 高度 | 2.17 米 |
| 重量 | 14.6 吨 |
| 最大速度 | 70 千米 / 时 |
| 相关简介 | |

## 研发历史

自 20 世纪 70 年代问世以来,BMD 伞兵战车先后发展了 BMD-1、BMD-1M、BMD-2、BMD-2M、BMD-3 等多种型号。但是在空降部队服役的 BMD 战车出现了日益老化的问题。在俄罗斯军队现役的 BMD 伞兵战车中,大约有 80% 已至少服役了 15 年。1969 年开始装备部队的 BMD-1 伞兵战车中有大约 95% 的已至少进行了一次大修。但从 1990 年开始服役的 BMD-3 伞兵战车中,只有不到 7% 进行过大修。因此,KBP 仪器设计局对 BMD-3 伞兵战车进行了多方面的现代化改进,起初的改进型被称为 BMD-3M,后被更名为 BMD-4。

## 实战性能

BMD-4 伞兵战车的主要武器为 1 门 2A70 型 100 毫米线膛炮,双向稳定,配有自动装弹机(可行进间开火),可发射杀伤爆破弹和炮射导弹(9M117 型)。发射 9M117 炮射导弹时射程为 4 000 米,可穿透 550 毫米均质钢板。由于 BMD-4 伞兵战车具备发射炮射导弹能力,因此没有外置反坦克导弹发射器。BMD-4 伞兵战车的辅助武器为 1 门 30 毫米 2A72 型机关炮,弹药基数 500 发。此外,该车上还设有步枪射击孔,可扫射近距离目标。

### 趣味小知识

BMD-4 伞兵战车的作战地域较广,既能在海拔 4 000 米的高山地区作战,又能在 3 级海况的水面航渡,也能随同登陆舰发起进攻,还能从运输机上伞降至敌人后方。

## 俄罗斯 BMP-1 步兵战车

BMP-1 步兵战车是苏联在二战后设计生产的第一种步兵战车,1966年开始服役,曾参与过阿富汗战争和海湾战争等,目前仍有部分在俄罗斯和其他国家服役。

顶部舱门特写

负重轮特写

### 基本参数

| | |
|---|---|
| 长度 | 6.74米 |
| 宽度 | 2.94米 |
| 高度 | 2.07米 |
| 重量 | 13.2吨 |
| 最大速度 | 65千米/时 |
| 相关简介 | |

### 研发历史

二战后,经过了残酷的战争洗礼,苏联以装甲力量为核心的大纵深作战理论日趋成熟,同时,缺少能够伴随坦克部队突击的机械化步兵这一重大缺陷也显现出来,坦克骑兵和武装卡车终究只是应急之作。随着原子弹的发明和实用,类似的非封闭装甲车及战术注定要被淘汰。20世纪50年代,苏联下达了研制步兵战车的标书。各大设计局为了争夺这个大订单纷纷拿出了自己的样车,最后履带式的765工程胜出,也就是后来的 BMP-1 步兵战车,其他样车则进入了库宾卡博物馆。

### 实战性能

BMP-1 步兵战车的车体采用钢板焊接结构,能防枪弹和炮弹破片,正面可防12.7毫米穿甲弹和穿甲燃烧弹,前上装甲为带加强筋的铝装甲。载员舱可容纳8名全副武装的士兵,每侧4人,背靠背乘坐,人员通过车后双开门出入。该车的主要武器为1门73毫米 2A28 低压滑膛炮,后坐力较小。主炮右侧有1挺7.62毫米并列机枪,弹药基数2 000发。主炮上方有"赛格"反坦克导弹单轨发射架,配有4枚导弹。

#### 趣味小知识

BMP-1 步兵战车配备的"赛格"反坦克导弹通过炮塔顶部前面的窗口装填,只能昼间发射,操纵装置位于炮手座位下面。

## 俄罗斯 BMP-2 步兵战车

BMP-2 步兵战车是 BMP-1 步兵战车的改良型，属 BMP 系列的第二款。该车于 1980 年开始服役，目前仍有数十个国家的军队使用。

附加装甲特写

烟幕弹发射器特写

### 研发历史

BMP-2 步兵战车是 BMP-1 步兵战车的改进车型，1980 年开始批量生产，同年正式服役。在 1982 年莫斯科的阅兵式中，BMP-2 步兵战车首次对公众亮相。1985 年，BMP-2 步兵战车再次出现在红场上时，炮塔两侧披挂着附加装甲。

| 基本参数 | |
|---|---|
| 长度 | 6.74 米 |
| 宽度 | 2.94 米 |
| 高度 | 2.07 米 |
| 重量 | 14.3 吨 |
| 最大速度 | 65 千米/时 |
| 相关简介 | |

### 实战性能

BMP-2 步兵战车采用了大型双人炮塔，将 BMP-1 步兵战车位于驾驶员后方的车长座椅挪到炮塔内右方，使其视野和指挥能力得以增强，驾驶员后方的座位用于步兵乘坐。该车的主要武器为 1 门 30 毫米高平两用机关炮，采用双向单路供弹，弹药基数 500 发。直射距离为 1 千米，并且能在 2 千米距离上对付亚音速的空中目标。在车长和炮手位置顶部中间有 1 台反坦克导弹发射器，配有 4 枚"拱肩"反坦克导弹，其中 1 枚处于待发状态。辅助武器为 1 挺 7.62 毫米机枪，弹药基数 2 000 发。此外，炮塔两侧各有 3 台烟幕弹发射器。

> **趣味小知识**
>
> BMP-2 步兵战车具备完全两栖能力，在水中由履带推进。入水前竖起车前防浪板，并打开舱底排水泵。

# 俄罗斯 BMP-3 步兵战车

BMP-3 步兵战车是苏联于 1986 年推出的 BMP 系列第三款步兵战车，1987 年正式投产并装备军队。

载员舱内部特写

侧面装甲特写

| 基本参数 | |
|---|---|
| 长度 | 7.14 米 |
| 宽度 | 3.2 米 |
| 高度 | 2.4 米 |
| 重量 | 18.7 吨 |
| 最大速度 | 72 千米/时 |
| 相关简介 | |

## 研发历史

BMP-2 步兵战车因采用的是 BMP-1 步兵战车的底盘，在发展上受到很大限制，不能满足苏军的要求。20 世纪 80 年代末期，苏军开始寻求全新的步兵战车。最初，新车型采用"685 项目"轻型车的底盘，配装 30 毫米 2A42 型机关炮和 2 具反坦克导弹发射器，称为"688 项目"车，因其武器火力几乎没有提高而被放弃，随后换装了新型 2K23 炮塔系统，配装了 100 毫米 2A70 型线膛炮和 30 毫米 2A72 型机关炮各 1 门，以及 3 挺 7.62 毫米机枪。该车武器的配备达到苏军官方的认可，由此诞生了 BMP-3 步兵战车。

## 实战性能

BMP-3 步兵战车的车身和炮塔是铝合金焊接结构，一些重要部位添加了其他钢材以加强强度和刚性。该车的火力极为强大，炮塔上装有 1 门 100 毫米 2A70 型线膛炮，能发射破片榴弹和 AT-10 炮射反坦克导弹。在 2A70 型线膛炮的右侧为 30 毫米 2A72 型机关炮，最大射速为 330 发/分，发射的弹种有穿甲弹和榴弹等。BMP-3 步兵战车的辅助武器为 3 挺 7.62 毫米 PKT 机枪，分别备弹 2 000 发。除了固定武器外，车上还有 2 挺便携式轻机枪、载员使用的 6 支 AK-74 突击步枪和 26 毫米信号枪等。

### 趣味小知识

BMP-3 步兵战车打破了履带式步兵战车的传统设计布局，采用独特的发动机后置方案，这样做主要是在考虑到车辆重心的布置和水上平衡设计的同时，还可以增大车首装甲板的倾斜角度，用以提高其防护力。

## 俄罗斯 IMR-2 战斗工程车

IMR-2 战斗工程车是苏联设计并制造的一款重型履带式战斗工程车,1983 年开始服役。

吊杆特写

推土铲特写

### 基本参数

| | |
|---|---|
| 长度 | 9.55 米 |
| 宽度 | 4.35 米 |
| 高度 | 3.68 米 |
| 重量 | 44.3 吨 |
| 最大速度 | 50 千米/时 |
| 相关简介 | |

### 研发历史

IMR-2 战斗工程车的研制工作始于 20 世纪 70 年代后期,1980 年设计定型,1982 年开始批量生产,1983 年正式服役。该车服役后先后参加过苏联入侵阿富汗战争、第一次车臣战争、第二次车臣战争、叙利亚内战等重大战争。苏联解体后,IMR-2 战斗工程车仍在俄罗斯军队服役,截至 2019 年 4 月仍然在役。

### 实战性能

IMR-2 战斗工程车由履带式底盘、通用推土铲、吊杆、车辙式扫雷犁组成。车上装有免遭大规模杀伤性武器破坏的防护系统、烟幕施放系统以及发动机舱的自动灭火设备。自卫武器是 1 挺 12.7 毫米高平两用机枪。IMR-2 战斗工程车可完成包括清障、构筑行军公路、扫雷、挖掘掩体等工程作业,其开辟岩石障碍通路的速度为 0.30～0.35 千米/时,挖掘 1.1～1.3 米深壕沟的速度为 5～10 米/时,吊臂的起吊重量为 2 吨,吊臂伸出的最大长度为 8.4 米,平均扫雷速度为 6～15 千米/时。

#### 趣味小知识

IMR-2 战斗工程车采用 12 缸四冲程多燃料水冷柴油发动机,具有两种启动系统:压缩空气启动系统和电启动系统。两种启动系统可以单独使用,也可以联合启动。

# 英国通用运载车

通用运载车（Universal Carrier）是英国维克斯公司于1934-1960年间生产的一款履带式装甲车，也被称为布伦机枪运输车。

履带特写

驾驶席特写

### 基本参数

| 长度 | 3.65米 |
|---|---|
| 宽度 | 2.06米 |
| 高度 | 1.57米 |
| 重量 | 3.75吨 |
| 最大速度 | 48千米/时 |
| 相关简介 | |

## 研发历史

一战后期，英国陆军就非常醉心于研发轻型装甲车，认为这种车辆不但能运载步兵，实施快速机动，还能提供一定的防护，必然能在战场上大有作为。在这种思想的指导下，英国研制了多种轻型装甲车，最成功的是卡登·洛伊德公司的MK Ⅵ轻型装甲车。1928年，维克斯公司收购了卡登·洛伊德公司，并于1935年推出D50机枪运载车，也就是通用运载车的原型。D50机枪运载车进一步提高了军方对轻型装甲车的热情。他们决定在小规模列装D50的同时，立即让维克斯公司开发更好的车型，其结果就是通用运载车。该车是历史上制造数量最多的装甲战斗车辆之一，总产量高达11.3万辆。

## 实战性能

通用运载车的用途极度广泛，而且十分轻便。比起功能和大小相近的吉普车，使用履带的通用运载车有较高的负载，以负荷薄装甲片和更多的物资。而且履带车辆的越野性能出色，在复杂地形使用时更具优势。不过，通用运载车比吉普车重，速度也比吉普车慢。通用运载车可以根据步兵作战环境的不同，随意搭载不同种类的中型或重型武器，包括"布伦"轻机枪、"博伊斯"反坦克步枪、"维克斯"重机枪、M2重机枪以及步兵用反坦克发射器等。

### 趣味小知识

在二战中，通用运载车被赋予了五花八门的任务：为步兵提供机枪和迫击炮火力支援、实施侦察搜索、牵引火炮、运送补给和伤员、遂行反坦克任务、提供炮兵观测等。

# 英国"武士"步兵战车

"武士"（Warrior）步兵战车是英国于20世纪80年代设计并制造的履带式步兵战车，1988年开始服役。

顶部舱门特写

照明灯特写

| 基本参数 | |
|---|---|
| 长度 | 6.3米 |
| 宽度 | 3.03米 |
| 高度 | 2.8米 |
| 重量 | 25.4吨 |
| 最大速度 | 75千米/时 |
| 相关简介 | |

## 研发历史

1967年，英国陆军计划开发新一代的装甲运兵车，1972年至1976年完成初步的方案论证，并拟定出研发计划。1977年，英国国防部选择桑基防务公司作为主承包商，负责进行第二阶段的研发。在此同时，美国推出了M2"布雷德利"步兵战车，1978年，英国军方考察了M2步兵战车，并进行多项测试。随后，英国调整了研发方向，计划名称改为MCV-80。1979年，英国军方正式展开MCV-80的研发工作。1984年，10辆MCV-80原型车制造完成，随后在波斯湾地区进行沙漠环境的适应性测试。1985年，MCV-80被英国国防部正式命名为"武士"步兵战车。1988年，该车进入英国陆军服役。

## 实战性能

"武士"步兵战车的装甲以铝合金焊接为主，能抵挡14.5毫米穿甲弹以及155毫米炮弹破片的攻击。该车拥有核生化防护能力，核生化防护系统为全车加压式，并考虑到了长时间作战下的人员需求。"武士"步兵战车的车体中央有一座双人炮塔，装备1门30毫米机关炮（备弹250发）和1挺7.62毫米同轴机枪（备弹2 000发），炮塔两侧各有1具"陶"式反坦克导弹发射器。车尾载员舱内可容纳7名士兵，由车尾一扇向右开启的电动舱门进出。

### 趣味小知识

"武士"步兵战车采用与"挑战者"主战坦克同系列的"秃鹰"柴油发动机，拥有极佳的机动能力，最大爬坡度31度，最大涉水深度1.3米。

# 英国"风暴"装甲运兵车

"风暴"装甲运兵车是英国阿尔维斯汽车公司在"蝎"式轻型坦克基础上研制的一款履带式装甲运兵车。

"风暴"装甲运兵车

车顶"星光"地对空导弹发射装置特写

## 研发历史

20世纪70年代,英国军用车辆与工程设计院在阿尔维斯汽车公司"蝎"式轻型坦克的基础上研制出了FV4333装甲运兵车。1980年,阿尔维斯汽车公司获得了这种车辆的生产和销售权,在进一步改进后,于1981年定名为"风暴"装甲运兵车。除装备英国陆军外,该车还出口到印度尼西亚、马来西亚、阿曼等国。

| 基本参数 | |
|---|---|
| 长度 | 5.27米 |
| 宽度 | 2.76米 |
| 高度 | 2.49米 |
| 重量 | 12.7吨 |
| 最大速度 | 80千米/时 |
| 相关简介 | |

## 实战性能

"风暴"装甲运兵车的车体由铝合金装甲焊接而成,为了增强防护力,车体还附加有披挂式装甲。车体左侧、车长位置下方有三防装置和空调设备。载员舱在车体后部,有8名士兵面对面坐在两侧。车体前部两侧各装4台电动烟幕弹发射器,车顶炮塔两侧各有4枚"星光"地对空导弹。车顶可以选择安装多种武器,包括7.62毫米机枪、12.7毫米机枪、20毫米加农炮、25毫米加农炮、30毫米加农炮、76毫米火炮和90毫米火炮等。

### 趣味小知识

"风暴"装甲运兵车无准备时可涉水深1.1米,可安装浮渡围帐,水上行驶靠履带划水,速度6.5千米/时。当附加水上推进器后,速度为9.6千米/时。

# 英国"弯刀"装甲侦察车

"弯刀"装甲侦察车是英国阿尔维斯汽车公司设计并制造的一款履带式装甲侦察车,其体积小、重量轻,既能空运又能空投,便于巷战使用。

烟幕弹发射器特写

顶部舱门特写

### 基本参数

| | |
|---|---|
| 长度 | 4.9米 |
| 宽度 | 2.2米 |
| 高度 | 2.1米 |
| 重量 | 7.8吨 |
| 最大速度 | 80千米/时 |
| 相关简介 | |

## 研发历史

"弯刀"装甲侦察车是"蝎"式轻型坦克的衍生型之一,由阿尔维斯汽车公司于20世纪60年代末基于"蝎"式轻型坦克研发,1971年开始批量生产并装备部队,英军编号为FV107。除英军使用外,还出口到拉脱维亚和比利时等国。截至2019年4月,"弯刀"装甲侦察车仍在服役。

## 实战性能

"弯刀"装甲侦察车的底盘和炮塔与"蝎"式轻型坦克相同,采用铝合金装甲焊接结构,正面防护装甲可抵御14.5毫米穿甲弹攻击,侧面装甲能抗7.62毫米枪弹和炮弹破片的袭击。车后部有三防装置。该车的主要武器为1门30毫米L30火炮(备弹165发),可迅速单发射击,也可6发连射,空弹壳自动弹出炮塔外。L30火炮在发射脱壳穿甲弹时,可在1 500米距离上击穿40毫米厚装甲。主炮左侧有1挺7.62毫米L37A1同轴机枪,炮塔前部两侧各有4台烟幕弹发射器。所有武器装备都是电动操纵,但主炮和同轴机枪也可手动控制。

### 趣味小知识

"弯刀"装甲侦察车在无任何装备的情况下可涉水深达1.1米,车体顶部四周安装有浮渡围帐,可在5分钟内架好。水上靠履带推进和转向,水上速度达6.5千米/时,如安装推进器则可达9.5千米/时。

## 法国 AMX-VCI 步兵战车

AMX-VCI 步兵战车是法国罗昂制造厂于 20 世纪 50 年代初为满足法军要求而生产的一款履带式步兵战车,在法军中装备数量很大。

前上装甲特写

尾部舱门特写

### 基本参数

| | |
|---|---|
| 长度 | 5.7 米 |
| 宽度 | 2.67 米 |
| 高度 | 2.41 米 |
| 重量 | 15 吨 |
| 最大速度 | 60 千米/时 |
| 相关简介 |  |

### 研发历史

AMX-VCI 步兵战车是在法国霍奇基斯公司的 TT6 和 TT9 装甲人员输送车被淘汰后,于 20 世纪 50 年代初为满足法军要求而研制的。1955 年完成第一辆样车,1957 年开始在罗昂制造厂批量生产。当罗昂制造厂开始生产 AMX-30 坦克后,AMX-VCI 步兵战车随同整个 AMX-13 轻型坦克车族转到克勒索·卢瓦尔公司生产。

### 实战性能

AMX-VCI 步兵战车的载员舱可背靠背乘坐步兵 10 人,通过向外开启的两扇后门出入。该车的主要武器最早是 1 挺 7.5 毫米机枪,以后相继被 12.7 毫米机枪或者装有 7.5 毫米(或 7.62 毫米)机枪的 CAFL 38 炮塔所取代。12.7 毫米机枪的俯仰范围为 -10 度至 +68 度。在这种情况下,炮手的头部暴露在炮塔座圈的外边。但是当从车内瞄准和射击时,俯仰范围为 -10 度至 +5 度。当采用 CAFL 38 炮塔时,机枪的俯仰范围为 -15 度至 +45 度,水平方向旋转 360 度。

> **趣味小知识**
>
> AMX-VCI 步兵战车最初装备法国军队时,曾命名为 TT 12 CH M1e 56 输送车,后来才改为现名。

## 法国 AMX-10P 步兵战车

AMX-10P 步兵战车是法国于 20 世纪 60 年代研制的一款履带式步兵战车，用于取代老式的 AMX-VCI 步兵战车。

履带特写

尾部舱门特写

### 研发历史

AMX-10P 步兵战车于 1968 年制造出第一辆样车，1972 年由罗昂制造厂开始生产，1973 年首批车辆交付法军使用。除装备本国军队外，还大量出口，采购最多的国家为沙特阿拉伯。2004 年，法国陆军对 AMX-10P 步兵战车展开了升级计划。

| 基本参数 | |
|---|---|
| 长度 | 5.79 米 |
| 宽度 | 2.78 米 |
| 高度 | 2.57 米 |
| 重量 | 14.5 吨 |
| 最大速度 | 65 千米/时 |
| 相关简介 | |

### 实战性能

AMX-10P 步兵战车的车体用铝合金焊接而成，主要武器是 1 门 20 毫米 M693 机关炮，采用双向单路供弹，并配有连发选择装置，但没有炮口制退器。弹药基数为 325 发，其中燃烧榴弹 260 发，脱壳穿甲弹 65 发。该炮对地面目标的最大有效射程为 1 500 米，使用脱壳穿甲弹时在 1 000 米距离上的穿甲厚度为 20 毫米。辅助武器为 1 挺 7.62 毫米机枪，最大有效射程为 1 000 米，弹药基数为 900 发。如有需要，该车还可换装莱茵金属公司的 20 毫米 Mk 20 Rh202 机关炮，车顶两侧还可安装 2 个"米兰"反坦克导弹发射架。

> **趣味小知识**
>
> 为便于水上行驶，AMX-10P 步兵战车的车体后方两侧各有一具喷水推进器，车体底部有两个排水泵。

# 法国 AMX-30 战斗工程牵引车

AMX-30 战斗工程牵引车是法国地面武器工业集团设计制造的一款履带式工程车，1987 年开始服役。

尾部特写

缆绳特写

## 研发历史

1981 年，法国地面武器工业集团在萨托里军械展览会上首次展出了 AMX-30 战斗工程牵引车的样车。1987 年，首批 20 辆 AMX-30 战斗工程牵引车完成生产，并开始装备法国陆军部队，用于取代老式的 AMX-13 战斗工程车。截至 2019 年 4 月，AMX-30 战斗工程牵引车仍在服役。

| 基本参数 | |
|---|---|
| 长度 | 8.29 米 |
| 宽度 | 3.35 米 |
| 高度 | 2.94 米 |
| 重量 | 38 吨 |
| 最大速度 | 65 千米/时 |
| 相关简介 | |

## 实战性能

AMX-30 战斗工程牵引车的车体中央偏右有一个双人炮塔，主要工程设备有推土铲、液压绞盘和液压吊臂。其中推土铲装在车体正面，推土铲下部的背面有 6 个松土齿，推土铲全部展开时宽 3.5 米，高 1.1 米。该车的主要任务是清除战场障碍、设置障碍、修缮道路、破坏道路、清理河岸、准备渡口、准备射击阵地和迅速布设小雷场。推土铲的运土和装土能力为 250 立方米/时，挖土能力为 120 立方米/时。绞盘拉力为 196 千牛，钢绳长 80 米，自动缠绕速度为 0.2 ~ 0.4 米/秒。液压吊臂叼装地钻，钻孔直径为 220 毫米，孔深 3 米。

### 趣味小知识

AMX-30 战斗工程牵引车的爬坡度为 60%，越墙高度为 0.9 米，越壕宽度为 2.9 米，无准备时的涉水深度为 2.5 米，有准备时的涉水深度为 4 米。

## 德国"黄鼠狼"步兵战车

"黄鼠狼"步兵战车是德国在二战后研制的一款履带式步兵战车,1970年进入德国陆军服役。

尾部舱门特写

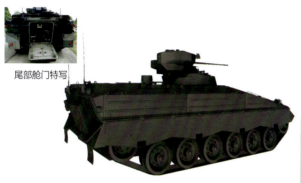

仪表盘特写

### 基本参数

| | |
|---|---|
| 长度 | 6.79米 |
| 宽度 | 3.24米 |
| 高度 | 2.98米 |
| 重量 | 33.5吨 |
| 最大速度 | 75千米/时 |
| 相关简介 | |

### 研发历史

1960年1月,德国与两大集团签订了设计与制造履带式步兵战车的合同。这两大集团是:由莱茵金属-哈诺玛格公司、鲁尔钢铁公司、威顿-安南公司和布诺•沃内格公司等4家企业组成的莱茵金属集团,由亨舍尔工厂与瑞士莫瓦格两家公司组成的另一集团。第一批制造出样车7辆,1961-1963年又制造出第二批样车8辆。后来由于优先发展反坦克炮和多管火箭炮,该车的研制工作曾一度停顿。1966年恢复研制工作,军方提出设计要求。1967年,根据这些要求,开始第三批和最后一批样车的制造,共计10辆。1964年,亨舍尔工厂被莱茵金属集团兼并,从此,研制工作大部分由莱茵金属集团完成。1969年4月,新型步兵战车正式批量生产,同年5月命名为"黄鼠狼"步兵战车。

### 实战性能

"黄鼠狼"步兵战车的车身由焊接钢板组成,能抵挡步枪子弹和炮弹碎片,车前的装甲能抵挡20毫米炮弹的攻击。载员舱在车体后部,可乘坐6名步兵。该车的车身中央有一个双人炮塔,右侧为车长,左侧为炮手,其武器为1门20毫米Rh202机关炮和1挺MG3同轴机枪,必要时可加上"米兰"反坦克导弹发射器和5枚"米兰"反坦克导弹。

> **趣味小知识**
> "黄鼠狼"步兵战车的涉水深度为1.5米,如借助辅助装置可达2.5米。

# 德国"美洲狮"步兵战车

"美洲狮"步兵战车是德国于 21 世纪初研制的一款履带式步兵战车,用以取代老式的"黄鼠狼"步兵战车。

主炮特写

内部通话装置

| 基本参数 | |
|---|---|
| 长度 | 7.33 米 |
| 宽度 | 3.43 米 |
| 高度 | 3.05 米 |
| 重量 | 31 吨 |
| 最大速度 | 70 千米/时 |
| 相关简介 | |

## 研发历史

21 世纪初,为了弥补"黄鼠狼"步兵战车在火力、防护力和机动性等方面的不足,德国开始研制新一代步兵战车,即"美洲狮"步兵战车。该计划由负责国防技术和采办的德国联邦办公室于 2002 年 9 月授予,研制工作由克劳斯·玛菲-韦格曼公司和莱茵金属集团负责,各承担 50% 的工作量。2009 年 7 月,"美洲狮"步兵战车开始批量生产。

## 实战性能

"美洲狮"步兵战车配有三防系统、空调、火灾探测与灭火抑爆系统,以及战场敌友识别系统、指挥、控制与通信系统。该车的主要武器是 1 门 30 毫米 Mk 30-2/ABM 机关炮,由莱茵金属集团毛瑟分公司专门研制,具有极高的安全性和命中率,即使在高速越野的情况下仍然具有很高的射击精度。该炮采用双路供弹,可发射的弹药主要有尾翼稳定曳光脱壳穿甲弹和空爆弹,通常备弹 200 发。空爆弹的打击范围很广,包括步兵战车及其伴随步兵、反坦克导弹隐蔽发射点、直升机和主战坦克上的光学系统等。

### 趣味小知识

"美洲狮"步兵战车尽量提高了乘员的生存能力,能够由 A-400M 运输机空运,并提高了在作战部署之后的防护能力,各部位的模块化装甲容易换新。

# 德国"鼬鼠"空降战车

"鼬鼠"空降战车是德国专为空降部队研制的一款轻型装甲战斗车辆,20世纪80年代开始服役,有"鼬鼠1"和"鼬鼠2"两种型号。

内部特写

顶部舱门特写

| 基本参数 | |
|---|---|
| 长度 | 4.78米 |
| 宽度 | 1.87米 |
| 高度 | 2.17米 |
| 重量 | 4.78吨 |
| 最大速度 | 70千米/时 |
| 相关简介 | |

## 研发历史

1971年,德国国防部对研制空降战车提出战术技术要求,要求该车重量尽量轻,尺寸尽量小,能用直升机装运或吊运。根据德国国防部的要求,共有5家公司提交了空降战车设计方案。1974年4月,德国国防技术与采购局选择了保时捷公司的研制方案。1975年10月,保时捷公司制造了一辆1:1的木质模型车,至1977年,共生产6辆样车,并进行了试验。1983年11月,保时捷公司对2辆样车做了改进,还制造了2辆新样车。1989年,首批生产型"鼬鼠1"空降战车交付德国陆军。20世纪90年代,改进型"鼬鼠2"空降装甲车问世。

## 实战性能

"鼬鼠"系列空降战车的车体为钢装甲焊接结构,只能抵御7.62毫米子弹的直接射击。"鼬鼠1"空降战车没有三防装置,而"鼬鼠2"空降战车可根据需要装备三防装置。"鼬鼠2"空降战车的战斗舱较大,能搭载3~5名步兵。"鼬鼠1"和"鼬鼠2"空降战车可根据变型车任务的不同选装多种武器,如7.62毫米机枪、12.7毫米机枪、反坦克导弹、20毫米机关炮、防空导弹、120毫米迫击炮等。"鼬鼠"系列空降战车具有良好的陆上机动性,能爬31度的坡道,跨越1.2米宽的壕沟和0.4米高的垂直墙。

# 意大利"达多"步兵战车

"达多"步兵战车是意大利于20世纪90年代研制的一款步兵战车,首批生产型从2002年5月开始交付意大利陆军。

| 基本参数 | |
|---|---|
| 长度 | 6.7米 |
| 宽度 | 3米 |
| 高度 | 2.64米 |
| 重量 | 23.4吨 |
| 最大速度 | 70千米/时 |
| 相关简介 | |

## 研发历史

20世纪80年代初,意大利提出了雄心勃勃的陆军主战装备发展计划,宣称要在20世纪90年代为意大利陆军换装世界最先进的坦克和装甲车辆。这个发展计划共包括4种车型,分别是VCC-80步兵战车、C1"公羊"主战坦克、B1"半人马座"坦克歼击车和"美洲狮"多用途轻型车辆。其中,VCC-80计划提出最早,完成却最晚,而且发展过程也颇为坎坷,最终完成的也并非是原来设计的VCC-80,而是经过修改后的"达多"步兵战车。1998年,"达多"步兵战车正式服役。

## 实战性能

"达多"步兵战车的车体及炮塔由铝合金装甲板焊接而成,同时在车体前部及两侧采用了高硬度钢装甲板,并用螺栓紧固,钢装甲板的厚度根据安装位置和铝合金装甲板倾斜度而有所不同。该车的主要武器是1门25毫米KBA-BO2型机关炮,采用双向供弹,可发射脱壳穿甲弹和榴弹,弹药基数为400发。该炮的俯仰角度为-10至+60度,战斗射速为600发/分。主炮旁边是1挺7.62毫米MG42/59并列机枪,弹药基数为1200发。

### 趣味小知识

"达多"步兵战车在设计时充分考虑了驾驶员开窗驾驶时的视野,即其左右两侧均无遮挡,视野开阔,而同类步兵战车内驾驶员一侧的视野几乎全部被发动机舱盖挡住。

Chapter 05  履带式装甲车

## 以色列"阿奇扎里特"装甲运兵车

"阿奇扎里特"装甲运兵车是以色列于 20 世纪 80 年代研制的一款重型装甲运兵车,主要用于人员输送。

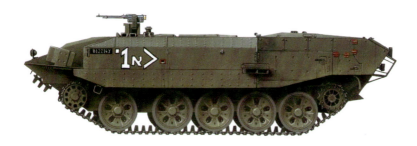

### 研发历史

在 1967 年和 1973 年的战争中,以色列缴获了数百辆苏联生产的 T-54/T-55 主战坦克,其中许多是阿拉伯军队遗弃的完好坦克。1988 年,以色列国防军将这些 T-54/T-55 坦克加以改装,成为重型装甲运兵车,并将其命名为"阿奇扎里特"装甲运兵车,希伯来语意指女杀手。

| 基本参数 | |
|---|---|
| 长度 | 6.2 米 |
| 宽度 | 3.6 米 |
| 高度 | 2 米 |
| 重量 | 44 吨 |
| 最大速度 | 65 千米/时 |
| 相关简介 | |

### 实战性能

"阿奇扎里特"装甲运兵车是以苏联 T-54/T-55 坦克改装而成,拆除了原有炮塔,重新改造了车身及加装反应装甲,原有的苏制水冷柴油发动机改为更高功率的 478 千瓦柴油发动机(Mk 1 型),并将内部系统升级,在车顶加装多个舱门及车尾加装上下开合式舱门。Mk 2 型换装了功率更大的 625 千瓦柴油发动机。"阿奇扎里特"装甲运兵车可以装载 7 名步兵,车上装有 3 挺 7.62 毫米 MAG 通用机枪和"拉斐尔"车顶武器系统(装有 7.62 毫米或 12.7 毫米机枪),这种遥控武器系统由以色列拉斐尔公司研制,可在车内操控。

尾部特写

# 瑞典 CV-90 步兵战车

CV-90 步兵战车是瑞典于 20 世纪 80 年代研制的装甲战斗车辆,此后又在此基础上发展了多种变型车,形成 CV-90 履带式装甲车族。

前下装甲特写

炮口特写

### 基本参数

| 长度 | 6.8 米 |
|---|---|
| 宽度 | 3.2 米 |
| 高度 | 2.8 米 |
| 重量 | 26 吨 |
| 最大速度 | 70 千米/时 |
| 相关简介 | |

## 研发历史

1978 年,瑞典决定研制一种供军方使用的 CV-90 战车,并在此基础上发展自行高炮、装甲人员输送车、装甲指挥车、装甲观察指挥车、自行迫击炮和装甲抢救车等变型车,形成 CV-90 履带式装甲车族。当时提出的要求是战斗全重不超过 20 吨,具有良好的战术机动性,适合在瑞典北部严寒、深雪、薄冰和沼泽地带作战,能较好地对付装甲目标,具有防空能力等。1985 年 7 月,瑞典军方与乌特维克林公司正式签订了设计和制造 5 辆样车的合同。1993 年,CV-90 步兵战车正式服役。

## 实战性能

CV-90 步兵战车的车体采用钢装甲结构,有附加装甲和"凯夫拉"衬层。车体前部能防 30 毫米炮弹,车体底部能防地雷。该车有 3 名乘员,载员舱可容纳 8 名步兵。车上的主要武器通常是 1 门 40 毫米博福斯机关炮,弹药基数为 240 发,可单发、点射或连发。配用的弹种有对付飞机和直升机的近炸引信预制破片榴弹,对付地面目标的榴弹和穿甲弹等。辅助武器为 1 挺 7.62 毫米 M1919 型机枪和 6 具 76 毫米榴弹发射器。

### 趣味小知识

CV-90 步兵战车具有一定的战略机动性,能用铁路和民用平板卡车运输。

## 瑞典 Bv206 装甲全地形车

Bv206 装甲全地形车是瑞典研制的一款全地形运输车,能在包括雪地、沼泽等所有地形上行驶,主要用于输送战斗人员和物资。

前车厢内部特写

前后车厢连接处特写

| 基本参数 | |
|---|---|
| 长度 | 6.9 米 |
| 宽度 | 1.87 米 |
| 高度 | 2.4 米 |
| 重量 | 4.5 吨 |
| 最大速度 | 50 千米/时 |
| 相关简介 | |

### 研发历史

1973 年,瑞典陆军开始探索 Bv202 装甲全地形车的后继车型。1974 年,瑞典陆军选择阿尔维斯·赫格隆公司和桑纳公司来完成必要的研究和发展工作,以便设计一种载重 2 吨物资或 17 名全副武装士兵的车辆,要求越野机动性不低于 Bv202 装甲全地形车,保养费用更低。1976 年至 1981 年间,瑞典陆军试验和鉴定了 52 辆不同的样车。1981 年 4 月,首批 Bv206 装甲全地形车正式交付,之后共生产了 5 000 多辆,销售给 10 多个国家。

### 实战性能

Bv206 装甲全地形车由两节车厢组成,车身之间用转向装置连接。车体采用耐火玻璃纤维增强塑料制成,采用双层结构,不但坚固耐用,比钢车厢轻,而且还起防翻车作用。该车的设计可以保证环境温度低于 −40℃时仍能启动,前后车厢内均装有通风装置及热交换器,能保持车内温度比外界高 30℃,并可起除雾器的作用。前车厢内可载货 600 千克,或容纳 5 名士兵和 1 名驾驶员。后车厢可载货 1 400 千克,或容纳 11 名全副武装的士兵。

#### 趣味小知识

Bv206 装甲全地形车可由空中运输来部署,CH-47 直升机和 CH-53 直升机一次吊载 1 辆,而 C-5 运输机可搭载 10 辆,C-17 运输机可搭载 6 辆,C-130 运输机可搭载 2 辆,C-160 运输机可搭载 1 辆,A400M 运输机可搭载 2 辆。

## 瑞典 BvS10 装甲全地形车

BvS10 装甲全地形车是瑞典阿尔维斯·赫格隆公司研制的一款履带式全地形车，1998 年开始服役。

| 基本参数 | |
|---|---|
| 长度 | 7.6 米 |
| 宽度 | 2.3 米 |
| 高度 | 2.2 米 |
| 重量 | 11.5 吨 |
| 最大速度 | 65 千米/时 |
| 相关简介 | |

### 研发历史

BvS10 装甲全地形车由瑞典阿尔维斯·赫格隆公司自行投资研发，该公司拥有数十年铰接式全地形车设计和生产经验。BvS10 装甲全地形车借鉴了 Bv 206S 装甲全地形车的设计，1998 年首次公开亮相。BvS10 装甲全地形车用途广泛，可作为运兵车、指挥车、救护车、维修和救援车等。除装备瑞典军队外，该车还出口到英国、德国、法国、荷兰和西班牙等 40 多个国家。

### 实战性能

BvS10 装甲全地形车的外形轮廓与 Bv206 装甲全地形车相似，与后者相比，BvS10 装甲全地形车重新设计了主动轮、诱导轮、履带、底盘和悬挂系统等。该车的履带宽度为 620 毫米，所以尽管 BvS10 装甲全地形车的战斗全重超过 10 吨，但在松软地形上，如雪地、泥地或沙地等仍有良好的机动能力。BvS10 装甲全地形车没有安装固定武器，可根据需要在后车厢顶部安装武器，如英国海军装备的 BvS10 装甲全地形车装有 7.62 毫米或 12.7 毫米机枪和一些标准的装备，包括数排烟幕弹发射器。

#### 趣味小知识

BvS10 装甲全地形车安装的履带是由加拿大苏斯国际公司生产的整体成型橡胶履带，与钢制履带相比，整体成型橡胶履带可减少 50% 的重量，并能够大幅度降低噪声和震动等。

## 日本 60 式装甲运兵车

60 式装甲运兵车是日本在二战后仿照美国 M59 履带式装甲人员输送车设计并制造的第一代履带式装甲车。1960 年开始服役,总产量约 430 辆。

履带特写

照明灯特写

| 基本参数 | |
|---|---|
| 长度 | 4.85 米 |
| 宽度 | 2.4 米 |
| 高度 | 1.7 米 |
| 重量 | 11.8 吨 |
| 最大速度 | 45 千米/时 |
| 相关简介 | |

### 研发历史

60 式装甲运兵车是二战后日本仿照美国 M59 装甲人员输送车设计制造的第一代履带式装甲车。日本防卫厅从 1956 年开始研制,1957 年由三菱重工和小松制作所分别制造样车,前者的样车称 Ⅱ 型,后者的样车称 Ⅰ 型。1960 年,Ⅱ 型进行少许改良后正式命名为 60 式装甲运兵车。

### 实战性能

60 式装甲运兵车解决了以往许多美制装备不符合日本人体型的问题。车身装甲是均质装甲焊接而成,具备一定的防护能力。该车的主要武器是 1 挺 12.7 毫米 M2 重机枪,安装在车身顶部。此外,车体前面还有 1 挺 7.62 毫米 M1919 重机枪。该车有 4 名车组成员,后方座舱可以搭载 6 名步兵,左右两侧各坐 3 人。车身设有若干射孔,可供乘员向外射击。

#### 趣味小知识

60 式装甲运兵车的缺点在于缺乏浮渡能力,也没有核生化防护能力。

# 日本 73 式装甲运兵车

73 式装甲运兵车是三菱重工于 20 世纪 60 年代后期开始研制的一款履带式装甲运兵车，1973 年开始服役。

尾部舱门特写

车履带特写

## 研发历史

73 式装甲运兵车是 60 式装甲运兵车的后继车种，1967 年由三菱重工开始研发，1968 年试验车完成，1969 年开始技术测试。1973 年开始交付使用，合计制造 338 辆。时至今日，73 式装甲运兵车仍在服役。

| 基本参数 | |
|---|---|
| 长度 | 5.8 米 |
| 宽度 | 2.8 米 |
| 高度 | 2.2 米 |
| 重量 | 13.3 吨 |
| 最大速度 | 70 千米/时 |
| 相关简介 | |

## 实战性能

73 式装甲运兵车的车身低矮，车体前上有浮渡围帐，7.62 毫米机枪位于前上左侧，12.7 毫米机枪位于车顶右侧凸起的炮塔之上，2 具三联装烟幕弹发射器位于车后两扇门的上方。73 式装甲运兵车注重车体轻量化，所以全面采用铝合金装甲，这导致 73 式装甲运兵车浮渡前的准备过程极其繁杂。该车水上行驶时必须使用装在负重轮外侧的浮渡装置，履带上方的裙板可以改善水流方向。车前防浪板由两块板组成，右侧板透明，以便竖起时便于驾驶员向前观察。8 名步兵分两侧坐于车内，并可由车内向外射击。

### 趣味小知识

73 式装甲运兵车的衍生型有 74 式自行榴弹炮、75 式自行多管火箭车、75 式自行气象测定车、76 式炮击追踪雷达。

Chapter 05　履带式装甲车

## 日本 89 式步兵战车

89 式步兵战车是日本于 20 世纪 80 年代研制的一款履带式步兵战车，1984 年开始服役，目前仍然是日本陆上自卫队的主要装备。

尾部车门特写

载员舱射孔特写

### 研发历史

20 世纪 70 年代，许多国家都加快了步兵战车的研制和装备速度，美国 M2A2 "布雷德利"步兵战车、德国"黄鼠狼"步兵战车等均在此列。1984 年，日本也投入 6 亿日元用于发展新型履带式步兵战车。经过样车试验阶段，新型步兵战车定名为 89 式步兵战车。1989 年，日本陆上自卫队开始采购 89 式步兵战车，因为价格昂贵没有能够大规模生产。

**基本参数**

| | |
|---|---|
| 长度 | 6.7 米 |
| 宽度 | 3.2 米 |
| 高度 | 2.5 米 |
| 重量 | 26 吨 |
| 最大速度 | 70 千米/时 |
| 相关简介 | |

### 实战性能

89 式步兵战车的车体结构采用均质钢装甲，防护力较过去以铝合金打造的装甲运兵车更强。车体因为需要容纳士兵，不可避免地要比当时服役的主力坦克更高，也就更容易被发现。该车的主要武器是瑞士厄利空公司生产的 35 毫米 KDE 机关炮，射速为 200 发/分，不仅可以对地面目标射击，还可对空射击，但是由于没有配备有效的瞄准装置，仅限于自卫作战。机关炮的左侧安装了 1 挺 74 式 7.62 毫米并列机枪，最大射速为 1 000 发/分。

### 趣味小知识

为协同 90 式坦克作战，89 式步兵战车具有时速 70 千米以上的机动力，不过由于主要用作国内防御，因此不具备浮渡能力。

# 韩国 KIFV 步兵战车

KIFV 步兵战车是韩国研制的一款履带式步兵战车，1986 年开始服役，主要用户为韩国陆军。

| 基本参数 | |
|---|---|
| 长度 | 5.49 米 |
| 宽度 | 2.85 米 |
| 高度 | 2.52 米 |
| 重量 | 13.2 吨 |
| 最大速度 | 70 千米/时 |
| 相关简介 | |

## 研发历史

KIFV 步兵战车是韩国大宇重工业有限公司投资，在美国食品机械化学公司的 AIFV 步兵战车基础上发展起来的，但较 AIFV 步兵战车有许多改进，特别是在机动性方面。在研制过程中，采用了一些其他国家的部件，包括英国阿尔步板材有限公司的铝装甲、联邦德国曼公司的柴油机、英国自动变速箱公司的 T-300 液力机械传动。

## 实战性能

KIFV 步兵战车的车体采用铝合金焊接结构，并有间隙式复合钢装甲，用螺栓固定在主装甲上。间隙内填充有泡沫塑料，既可以减轻车重，又能提高浮力储备。驾驶员位于车体左前部，车长炮塔在驾驶员后，外部安装有 1 挺 7.62 毫米 M60 机枪，炮长炮塔装有防盾，右侧有 1 挺 12.7 毫米 M2HB 机枪。载员舱位于车体后部，有一个顶舱盖，后部倾斜，载员舱两侧各有 2 个射孔和观察窗。

### 趣味小知识

KIFV 步兵战车有浮渡能力，水上行驶靠履带划水。入水前将车前防浪板升起，使排水泵工作。

# Chapter 06

# 轮式装甲车

轮式装甲车是世界上大多数国家军队的必备武器。在战场上，轮式装甲车的高速性能和强大火力配置，发挥着不可替代的作用。许多国家也纷纷研制出自己的国产轮式装甲车，以满足特定的作战需要。

# 美国 DUKW 两栖装甲车

DUKW 两栖装甲车是美国在二战时期研制的一款轮式两栖装甲车,用于运载物资和部队穿越水陆及登陆作战用途。

| 基本参数 | |
|---|---|
| 长度 | 9.45 米 |
| 宽度 | 2.44 米 |
| 高度 | 2.69 米 |
| 重量 | 6.2 吨 |
| 最大速度 | 80 千米/时 |
| 相关简介 | |

## 研发历史

DUKW 两栖装甲车于 1942 年开始批量生产,到二战结束时,总产量超过 21000 辆。二战时期,DUKW 广泛装备盟军部队,在太平洋战争、北非战役及诺曼底登陆时都有使用。二战后,DUKW 也大量外销给美国盟邦。时至今日,DUKW 不仅在民用领域大展拳脚,在军用领域也没有完全退出,如英国仍保留了少量 DUKW 在苏格兰作登陆训练用途。

## 实战性能

DUKW 可以在驾驶室内改变轮胎气压,轮胎可完全充气以应付硬地路面,也可降低轮胎气压以应付如沙滩的软陆。由于要减低在水上航行时的重量及提高稳定性,DUKW 的车身只装有较薄的钢板,所以防护能力较弱。不过,DUKW 配备了高力量船底水泵,以防车体在水中穿孔后沉没。

### 趣味小知识

最初美军拒绝装备 DUKW,但当美国海岸警卫队的一只巡逻艇在马萨诸塞州普文斯镇海滩搁浅后,试验型 DUKW 被派至该区作搜救工作,当时正值大浪、下雨而且风速高达 110 千米/时,DUKW 仍可稳定航行,并救回 7 名海岸警卫队队员,令军方的拒绝态度有所软化。

## 美国 M3 装甲侦察车

M3 装甲侦察车是美国怀特汽车公司在二战时期研制的装甲侦察车,主要用于巡逻、侦察、指挥、救护和火炮牵引等用途。

头部特写

方向盘特写

| 基本参数 | |
|---|---|
| 长度 | 5.63 米 |
| 宽度 | 2.1 米 |
| 高度 | 2 米 |
| 重量 | 5.67 吨 |
| 最大速度 | 81 千米/时 |
| 相关简介 | |

### 研发历史

M3 装甲侦察车于 1938 年由怀特汽车公司设计,原本订单是为美国陆军第 7 骑兵旅提供 64 辆服役,其后陆军决定采用车体更长更阔、车头保险杠设有拉索滚筒的改进版本,并定名为 M3A1。M3A1 在 1941 年量产,至 1944 年终止,各种衍生型共生产了 2 万辆以上。M3A1 首次亮相于菲律宾战场,并装备了位于北非战场及西西里岛的美国陆军骑兵部队。

### 实战性能

M3 装甲侦察车可搭载 8 人,即 1 名驾驶员和 7 名乘员。该车通常装有 1 挺 12.7 毫米 M2 重机枪,以及 2 挺 7.62 毫米 M1919 机枪。改进型 M3A1E3 加装了 37 毫米 M3 火炮,但没有量产。由于 M3 装甲侦察车采用开放式车壳,令其防护能力低,四轮设计对山地及非平地的适应性不足,美国陆军在 1943 年开始以 M8 轻型装甲车和 M20 通用装甲车将之取代,只有小量的 M3 装甲侦察车服役于诺曼底及太平洋战场的美国海军陆战队二线部队。

### 趣味小知识

二战后,大部分 M3 装甲侦察车被卖至亚洲和拉丁美洲国家,以色列在独立战争中也有采用,少数甚至加装了顶部装甲和旋转式炮塔。

# 美国 M8 轻型装甲车

M8 轻型装甲车是美国福特汽车公司在二战时期生产的一款轻型装甲车,主要装备欧洲和远东地区的美军及英军,后者将其命名为"灰狗"。

炮塔特写

驾驶席特写

| 基本参数 | |
|---|---|
| 长度 | 5米 |
| 宽度 | 2.54米 |
| 高度 | 2.25米 |
| 重量 | 7.8吨 |
| 最大速度 | 90千米/时 |
| 相关简介 | |

## 研发历史

1941年7月,美国军械署有意开发新型6轮驱逐战车来取代装备37毫米M3火炮的M6驱逐战车,并要求新型驱逐战车须在炮塔上备有37毫米火炮、同轴机枪及车顶防空机枪,其后有几家公司提交了样车,包括福特汽车公司的T22和克莱斯勒汽车公司的T23。1942年4月,美国军方决定采用T22E2(T22改良型)并命名为M8轻型装甲车,英军取名为"灰狗"。M8在正式推出前又经历了多次改进,一直延迟至1943年3月才投入量产,至1945年6月停止,共生产了8500余辆。

## 实战性能

M8轻型装甲车有4名乘员,包括车长、炮手兼装填手、无线电通信员(有时兼做驾驶员)及驾驶员。该车的主要武器为1门37毫米M6火炮(配M70D望远式瞄准镜)。辅助武器为1挺7.62毫米M1919同轴机枪和1挺安装在开放式炮塔上的12.7毫米M2防空机枪。M8轻型装甲车的速度较快,但是装甲薄弱,37毫米火炮也无法击穿德军坦克及新型装甲车的正面装甲,因此比较适合侦察用途。

### 趣味小知识

M8轻型装甲车为六轮驱动,机动性能比较出色,最大公路速度90千米/时,最大越野速度48千米/时,最大行程560千米,涉水深0.6米,越墙高0.3米。

## 美国 T17 装甲车

T17 装甲车是美国福特汽车公司在二战时期研制的一款装甲车,虽然没有被美军运用于前线战场,但其改进型 T17E1 被英联邦国家广泛采用,并被命名为"猎鹿犬"。

内部特写

轮胎特写

| 基本参数 | |
|---|---|
| 长度 | 5.49 米 |
| 宽度 | 2.69 米 |
| 高度 | 2.36 米 |
| 重量 | 14 吨 |
| 最大速度 | 89 千米/时 |
| 相关简介 | |

### 研发历史

1941 年 7 月,美军军械署要求装备中型装甲车,福特汽车公司设计出 6×6 试验型 T17,而雪佛兰公司设计出 4×4 试验型 T17E1。T17 及 T17E1 项目在 1942 年 10 月开始生产,但美军选择了更轻型的 M8 轻型装甲车,T17 停止生产,只制造了 250 辆,全数解除武装并交给宪兵使用,但 T17E1 仍然在英国继续生产。T17E1 有 Mk Ⅰ、Mk Ⅱ、Mk Ⅲ和"猎鹿犬"指挥型等型号,Mk Ⅰ在 1943 年后期装备在意大利作战的英国陆军,澳大利亚、加拿大、新西兰、印度、比利时也有装备。Mk Ⅱ装有 3 寸榴弹炮,作为步兵近战支援火力。Mk Ⅲ装有"十字军"坦克的 QF 75 毫米炮,并移除机枪。此后,又有 T17E2 和 T17E3 等改进型。

### 实战性能

T17 和 T17E1 装甲车在转动炮塔上安装有 1 门 37 毫米主炮,电动炮塔转向系统使主炮更稳定,辅助武器为 1 挺 7.62 毫米同轴机枪和 1 挺 7.62 毫米车头机枪。T17E1 指挥型移除炮塔,改为加装无线通信装置。防空型 T17E2 在 T17E1 的基础上加装了双联装 12.7 毫米 M2 重机枪炮塔。T17E3 安装有 75 毫米 M2/M3 榴弹炮。

#### 趣味小知识

T17 装甲车没有底盘,动力装置为 2 台 GMC 270 发动机,单台功率为 72 千瓦。该车有可协调 2 个驱动轴的自动变速器,2 个发动机可以独立关闭。

## 美国 V-100 装甲车

V-100 装甲车是美国凯迪拉克·盖奇汽车公司于 20 世纪 60 年代研制的一款两栖四轮驱动轻型装甲车，1963 年开始服役。

轮胎特写

尾部特写

| 基本参数 | |
| --- | --- |
| 长度 | 5.69 米 |
| 宽度 | 2.26 米 |
| 高度 | 2.54 米 |
| 重量 | 9.8 吨 |
| 最大速度 | 88 千米/时 |
| 相关简介 | |

### 研发历史

V-100 系列装甲车是凯迪拉克·盖奇汽车公司下属的特拉太空公司于 20 世纪 60 年代初开发的。1962 年，特拉太空公司申请了被称为"突击队"（Commando）的车辆专利。第一辆原型车在 1963 年出现，翌年开始服役。V-100 装甲车在越南战争被美军广泛使用，并被美军昵称为"鸭子"。该车也提供给美国的许多盟国，包括黎巴嫩和沙特阿拉伯。

### 实战性能

V-100 装甲车的装甲采用高硬度合金钢，可以抵挡 7.62×51 毫米枪弹。该车的主要武器是 1 门 90 毫米 Mk 3 火炮，辅助武器为 1 挺 20 毫米榴弹枪和 1 挺 7.62 毫米机枪。V-100 装甲车也可以不装炮塔，作为迫击炮载台，也可以安装 5 挺机枪作为装甲运兵车或步兵战斗车。该车最多可搭载 12 名乘员，乘员可以利用自己的个人武器由各射击口向外射击。

#### 趣味小知识

V-100 装甲车可以充当多种角色，包括装甲运兵车、救护车、反坦克车和迫击炮载体等。

## 美国 LAV-25 装甲车

LAV-25 装甲车是通用汽车公司为美国海军陆战队制造的一款轮式装甲车，1983 年开始服役。

底部特写

轮胎特写

| 基本参数 | |
|---|---|
| 长度 | 6.39 米 |
| 宽度 | 2.5 米 |
| 高度 | 2.69 米 |
| 重量 | 12.8 吨 |
| 最大速度 | 100 千米 / 时 |
| 相关简介 | |

### 研发历史

1980 年，美国为了满足新组建的快速部署部队的需要，决定发展一种轮式步兵战车，由美国陆军和海军陆战队共同负责实施，并提出了能满足双方要求的战术技术指标。1981 年有 7 家企业的 8 个方案投标，其中有 3 家的 4 辆车型参加了 1982 年的竞争性对比试验。1982 年 9 月，美军正式宣布加拿大通用汽车公司柴油机分部的方案中标，并将该公司提供的"皮兰哈"轮式装甲车（8×8）命名为 LAV-25 轮式装甲车。

### 实战性能

LAV-25 装甲车的车体和炮塔均采用装甲钢焊接结构，正面能抵御 7.62 毫米穿甲弹，其他部位能抵御 7.62 毫米杀伤弹和炮弹破片。该车采用德尔科公司的双人炮塔，安装有 1 门 25 毫米链式炮。主炮有双向稳定，便于越野行进间射击。辅助武器为 M240 并列机枪和 M60 机枪各 1 挺。炮塔两侧各有 4 台 M257 烟幕弹发射器。LAV-25 装甲车具有浮渡能力，水上行驶时靠两台喷水推进器推进，车首有防浪板。为便于自救，车上装有 1 台绞盘。

#### 趣味小知识

为便于快速部署，美军要求 LAV-25 装甲车能用现有的军用运输机或直升机空运或空投。采用运输机时，C-5 运输机能运 8 辆，C-141 运输机能运 2 辆，C-130 运输机能运 1 辆，海军陆战队的 CH-53E 运输直升机也能运 1 辆。

## 美国 M1117 装甲车

M1117 装甲车是美国达信海上和地面系统公司于 20 世纪 90 年代研制的一款四轮装甲车，1999 年美军购入本车作为宪兵用车，之后加强了装甲投入阿富汗和伊拉克战场，在火力密集区取代部分"悍马"装甲车的功能。

头部特写

尾部特写

| 基本参数 | |
| --- | --- |
| 长度 | 6 米 |
| 宽度 | 2.6 米 |
| 高度 | 2.6 米 |
| 重量 | 13.47 吨 |
| 最大速度 | 63 千米/时 |
| 相关简介 | |

### 研发历史

20 世纪 90 年代，美国达信海上和地面系统公司赢得了美国陆军宪兵的警备装甲载具（ASV）计划的竞标。在制造 4 辆 XM1117 型原型车通过测试作业之后，达信海上和地面系统公司获得了第一批价值 5000 万美元的采购合约。2000 年 4 月，第一辆 M1117 装甲车交付使用。2006 年 4 月，美国陆军订购的 M1117 装甲车全部交付完毕，总产量超过 1800 辆。除美国外，罗马尼亚、保加利亚、哥伦比亚、伊拉克、阿富汗等国也有采用。

### 实战性能

M1117 装甲车使用四轮独立驱动系统，易于操作、驾驶稳定，特别适用于城市狭窄街道。该车采用了全焊接钢装甲车体，表面披挂了一层先进的陶瓷装甲。这种装甲系统被称为 IBD 模块化可延展性装甲系统，能够提供比普通装甲高得多的防护能力。M1117 装甲车装有小型单人炮塔，炮塔内有 1 台 40 毫米 Mk 19 榴弹发射器，辅助武器为 1 挺 12.7 毫米 M2HB 重机枪。炮长在单人炮塔内操纵武器进行射击，而不必探身车外，这样大大减少了乘员被击中的危险。此外，炮塔的两侧还各配置了一组向前发射的四联装烟幕榴弹发射器。

#### 趣味小知识

M1117 装甲车的防护性能介于"悍马"装甲车与"斯特赖克"装甲车之间，其装甲可承受 12.7 毫米重机枪弹、12 磅地雷破片或 155 毫米炮弹空爆破片的杀伤。

## Chapter 06 轮式装甲车

## 美国"悍马"装甲车

"悍马"装甲车是美国汽车公司于 20 世纪 80 年代设计生产的一款装甲车,正式名称为高机动性多用途轮式车辆。

内部特写

进气格栅特写

| 基本参数 | |
| --- | --- |
| 长度 | 4.6 米 |
| 宽度 | 2.1 米 |
| 高度 | 1.8 米 |
| 重量 | 2.34 吨 |
| 最大速度 | 105 千米/时 |
| 相关简介 | |

### 研发历史

1979 年,美国汽车公司根据美国陆军在军事战略上的需求,开始研发美国陆军的专用车辆——高机动性多用途轮式车辆,以替代旧式车辆。1980 年 7 月,原型车 HMMWV XM966 在美国内华达州的沙漠地区历经各类严苛的测试后,取得美国陆军极高的评价。1983 年 3 月 22 日,美国汽车公司与美国陆军装甲及武器指挥部签订高达 120 亿美元(制造数量为 55000 辆)的生产合约。1985 年 1 月 2 日起,首批"悍马"装甲车开始生产,并陆续交付美国陆军使用。此后,"悍马"装甲车的各种衍生型相继问世,逐渐形成一个大车族。

### 实战性能

"悍马"装甲车拥有一个可以乘坐 4 人的驾驶室和一个帆布包覆的后车厢。4 个座椅被放置在车舱中部隆起的传动系统的两边,这样的重力分配,可以保证其在崎岖光滑的路面上有良好的抓地力和稳定性。"悍马"装甲车是一种具备特殊用途武器平台的轻型战术车辆,它可以改装成包括反坦克导弹、防空导弹、榴弹发射器、重机枪等各类武器发射平台或装备平台,美国陆军大多数武器系统均可安装在"悍马"装甲车上。

### 趣味小知识

"悍马"装甲车使用通用电气 6.2 升 V8 自然吸气直喷柴油发动机,整个动力系统(包括传动和驱动系统)都是移植自雪弗兰皮卡。

## 美国 L-ATV 装甲车

L-ATV 装甲车是美国奥什科什卡车公司研制的新型四轮装甲车，为美军"联合轻型战术车辆"（Joint Light Tactical Vehicle，JLTV）计划的胜出者，2019年1月开始服役，逐步取代"悍马"装甲车。

### 研发历史

"联合轻型战术车辆"计划始于 2005 年，到 2012 年 3 月，英国宇航系统公司、通用动力公司、洛克希德·马丁公司、奥什科什卡车公司、美国汽车公司、纳威司达·萨拉托加公司等多家企业都提出了自己的 JLTV 方案。2012 年 8 月，美国陆军和海军陆战队选定洛克希德·马丁公司、奥什科什卡车公司和美国汽车公司的提案进入工程和制造发展阶段。在经过对比测试之后，美国陆军于 2015 年 8 月宣布由奥什科什卡车公司的 L-ATV 装甲车得标。美国陆军计划在 2040 年以前装备 5 万辆 L-ATV 装甲车，美国海军陆战队计划装备 5 500 辆。

| 基本参数 | |
|---|---|
| 长度 | 6.25 米 |
| 宽度 | 2.5 米 |
| 高度 | 2.6 米 |
| 重量 | 6.4 吨 |
| 最大速度 | 110 千米/时 |
| 相关简介 | |

### 实战性能

L-ATV 装甲车基本分为 2 座车型和 4 座车型，与"悍马"装甲车相比，L-ATV

装甲车的配置更加先进。L-ATV 装甲车可装配更多的防护装甲,标准版车型拥有抗雷爆能力,配备了简易爆炸装置(IED)检测装置。L-ATV 装甲车不仅可抵御步枪子弹的直接射击,还能在地雷或简易爆炸装置的袭击下最大限度地降低乘员的伤亡。必要时,L-ATV 装甲车还能搭载主动防御系统。该车的车顶可以搭载各种小口径和中等口径的武器,包括重机枪、自动榴弹发射器、反坦克导弹等。此外,还可安装烟幕弹发射装置。

驾驶席特写

前脸特写

车顶装有重机枪的 L-ATV 装甲车

### 趣味小知识

L-ATV 装甲车采用 6.6 升 866T 型涡轮增压柴油发动机,最大功率为 224 千瓦。即使 L-ATV 装甲车的重量超过"悍马"装甲车,也同样能达到 110 千米/时的速度。

## 美国"斯特赖克"装甲车

"斯特赖克"装甲车(Stryker vehicle)是由美国通用动力公司设计并生产的一款轮式装甲车,设计理念源于瑞士"食人鱼"装甲车。

大灯特写

轮胎特写

| 基本参数 | |
|---|---|
| 长度 | 6.95米 |
| 宽度 | 2.72米 |
| 高度 | 2.64米 |
| 重量 | 16.47吨 |
| 最大速度 | 100千米/时 |
| 相关简介 | |

### 研发历史

20世纪90年代后期,为了适应冷战后的战争情况,美国陆军需要开发一种介于防护能力强、机动性稍差的M2"布拉德利"步兵战车和机动性强、防护能力差的"悍马"之间的装甲车。2000年10月,美国陆军决定对加拿大的LAV-3装甲车进行改进,以开发出一种新装甲车,其结果就是"斯特赖克"装甲车。这种装甲车投入实战后出现了一些问题,美国陆军又对其进行了一系列改进。"斯特赖克"车族的主要型号包括M1126装甲运兵车、M1127侦察车、M1128机动炮车、M1129迫击炮车、M1130指挥车、M1131炮兵观测车、M1132工兵车、M1133野战急救车、M1134反坦克导弹车和M1135核生化监测车等。

### 实战性能

"斯特赖克"装甲车为了适合空运,只装有轻装甲的IBD防弹钢板,不过到了战场上可以因战况加挂复合反应装甲,可在300米内防御14.5毫米以下子弹直击和155毫米以下炮弹的碎片。M1126装甲运兵车是"斯特瑞克"装甲车族的基础型,有2名乘员(驾驶员和车长),能搭载一个全副武装的加强步兵班。该车的武器有1挺12.7毫米M2重机枪、1台40毫米Mk 19自动榴弹发射器、1挺7.62毫米M240通用机枪等。

### 趣味小知识

"斯特赖克"装甲车最大特点与创新在于,几乎所有的衍生车型都可以用即时套件升级方式从基础型改装而来,改装可以在前线战场上完成。

## 俄罗斯 BTR-60 装甲运兵车

BTR-60 装甲运兵车是苏联于 20 世纪 60 年代研制的一款 8×8 轮式装甲车，1961 年开始服役。

车侧面装甲特写

内部特写

### 研发历史

二战后，苏联先后研制了若干种轮式装甲车。由于它们造价低，故装备数量不断增加。最初的两种车型是利用卡车底盘制造的 BTR-40 和 BTR-152 装甲车。这两种车没有炮塔，结构也比较简单。20 世纪 50 年代末，BTR-40 开始被 BRDM 装甲侦察车所取代。20 世纪 60 年代，BTR-152 逐渐被 BTR-60 装甲运兵车所取代。苏军于 1961 年开始装备基型车 BTR-60P，1963 年开始装备改进型 BTR-60PA，1966 年开始装备 BTR-60PU 指挥车和 BTR-60PB 对空联络车。

| 基本参数 | |
|---|---|
| 长度 | 7.56 米 |
| 宽度 | 2.83 米 |
| 高度 | 2.31 米 |
| 重量 | 10.3 吨 |
| 最大速度 | 80 千米/时 |

### 实战性能

BTR-60 装甲运兵车的车体由装甲钢板焊接而成，可以安装附加装甲，以此提高乘员的战斗生存能力。该车拥有火焰探测和灭火抑爆设备、三防系统和生命保障系统等标准设备。车上装有自救绞盘，当车辆被陷住时，可利用绞盘的牵引力和钢缆进行自救。轮胎安装了中央充气放气系统，驾驶员可根据地形情况，灵活调节轮胎内气压。BTR-60 装甲运兵车的车体前部通常有 1 挺装在枢轴上的 7.62 毫米机枪，也可换装 12.7 毫米机枪。

#### 趣味小知识

BTR-60 装甲运兵车可以水陆两用，水上利用车后的一个喷水推进器行驶。喷水推进器由铝制外壳、螺旋桨、蜗杆减速器和防水活门组成。入水前先在车首竖起防浪板。

## 俄罗斯 BTR-70 装甲运兵车

BTR-70 装甲运兵车是苏联于 20 世纪 70 年代研制的一款 8×8 轮式装甲车，1976 年开始服役。

前挡特写　　　　　　　　　　　　　　　　驾驶席特写

### 研发历史

1972 年 8 月 21 日，根据苏联国防部第 0141 号命令，苏联军工企业开始研制 BTR-70 装甲运兵车。1976 年，BTR-70 装甲运兵车开始批量生产。在批量生产过程中，BTR-70 装甲运兵车的构造和外形没有太大改变，不同年代生产的车辆在细节上稍有差别。截至 2019 年 4 月，BTR-70 装甲运兵车仍在俄罗斯军队服役。

| 基本参数 | |
|---|---|
| 长度 | 7.54 米 |
| 宽度 | 2.8 米 |
| 高度 | 2.32 米 |
| 重量 | 11.5 吨 |
| 最大速度 | 80 千米/时 |
| 相关简介 | |

### 实战性能

BTR-70 装甲运兵车的车体由钢板焊接，其防护能力较 BTR-60 装甲运兵车有所增加，车前装甲以及车体前部和前轮之间的附加装甲都有所改善。该车的主要武器是 1 挺 14.5 毫米 KPVT 重机枪，也可换为 12.7 毫米 DShK 重机枪。辅助武器是 1 挺 7.62 毫米 PKT 机枪。此外，车内还备有 2 支 AK 突击步枪、2 枚 9K34 便携式防空导弹、1 具 RPG-7 火箭筒（备弹 5 发）和 2 具 AGS-17 自动榴弹发射器。

#### 趣味小知识

BTR-70 装甲运兵车服役后，苏军发现它的发动机和复杂的传动装置并不可靠，导致维护和维修工作量较大。此外，二级喷水推进器在使用中问题也很多，浮渡时经常被水草、泥浆堵塞。

## 俄罗斯 BTR-80 装甲运兵车

BTR-80 装甲运兵车是苏联于 20 世纪 80 年代研制的一款轮式装甲车，主要用于人员输送。目前，BTR-80 装甲车仍然在俄罗斯军队服役。

| 基本参数 | |
|---|---|
| 长度 | 7.7 米 |
| 宽度 | 2.9 米 |
| 高度 | 2.41 米 |
| 重量 | 13.62 吨 |
| 最大速度 | 80 千米/时 |
| 相关简介 | |

### 研发历史

20 世纪 80 年代，苏军主要的装甲人员运兵车是 BTR-70。虽然与上一代的 BTR-60 相比，BTR-70 已经有了非常大的改善，但是 BTR-70 仍然存在双汽油发动机设计复杂、耗油量较大等问题。为此，苏联开始设计一款代号为 GAZ-5903 的装甲人员运兵车。新的装甲人员运兵车的总体布局与 BTR-70 相同，但是更换了新的机械设备。1984 年，在通过国家测试之后，GAZ-5903 以 BTR-80 的编号进入苏军服役。1987 年 11 月，BTR-80 在莫斯科举行的阅兵式上首次公开露面。

### 实战性能

BTR-80 装甲运兵车的炮塔位于车体中央位置，炮塔顶部可 360 度旋转，其上装有 1 挺 14.5 毫米 KPVT 大口径机枪，辅助武器为 1 挺 7.62 毫米 PKT 并列机枪。车内可携带 2 枚 9K34 或 9K38 "针"式单兵防空导弹和 1 具 RPG-7 式反坦克火箭筒。载员舱在炮塔之后，6 名步兵背靠背坐在当中的长椅上。BTR-80 装甲车有防沉装置，一旦车辆在水中损坏也不会很快下沉。

#### 趣味小知识

BTR-80 装甲车可以水陆两用，水上行驶时靠车后单个喷水推进器推进，水上速度为 9 千米/时。当通过浪高超过 0.5 米的水障碍时，可竖起通气管不让水流进入发动机内。

# 俄罗斯 BTR-82 装甲运兵车

BTR-82 装甲运兵车是俄罗斯研制的一款轮式装甲运兵车，2011 年开始服役。

| 基本参数 | |
|---|---|
| 长度 | 7.7 米 |
| 宽度 | 2.9 米 |
| 高度 | 2.41 米 |
| 重量 | 13.6 吨 |
| 最大速度 | 90 千米/时 |
| 相关简介 | |

## 研发历史

BTR-82 装甲运兵车是 BTR-80 装甲运兵车（8×8）的最新衍生版本，原型车于 2009 年 11 月制造完成。在通过俄罗斯陆军的测试之后，BTR-82 装甲运兵车于 2011 年开始装备部队。2014 年 8 月，俄罗斯波罗的海舰队下辖的海军步兵开始进行 BTR-82 装甲运兵车的泅渡试验，以测试该车水上作战时的密闭性能。2015 年，俄军装备的 BTR-82 装甲运兵车参加了叙利亚的战争。

## 实战性能

BTR-82 装甲运兵车仍然延续了 BTR-80 装甲运兵车一些设计上的限制，如后置式发动机。这种布局使得车内人员必须通过侧门离开车辆，直接暴露在敌人的炮火下。BTR-80 装甲运兵车可全方位抵御 7.62 毫米子弹的攻击，正面防护装甲能抵御 12.7 毫米子弹的攻击。而 BTR-82 装甲运兵车的防护性能更好，但是不能使用附加装甲。BTR-82 装甲运兵车基本型的主要武器是 1 挺 14.5 毫米机枪，而改进型 BTR-82A 则安装了 30 毫米机关炮，辅助武器是 1 挺 7.62 毫米机枪。

### 趣味小知识

BTR-82 装甲运兵车的爬坡度为 60%，越墙高度为 0.5 米，越壕宽度为 2 米。该车可以在水中行驶，最大前进速度为 10 千米/时。

## 俄罗斯 BRDM-2 装甲车

BRDM-2 装甲车是苏联于 20 世纪 60 年代研制的一款两栖装甲侦察车，现仍在俄罗斯军队中服役。

大灯特写

尾部特写

| 基本参数 | |
|---|---|
| 长度 | 5.75 米 |
| 宽度 | 2.35 米 |
| 高度 | 2.31 米 |
| 重量 | 7 吨 |
| 最大速度 | 95 千米 / 时 |
| 相关简介 | |

### 研发历史

BRDM-2 两栖装甲侦察车由苏联杰特科夫设计局设计，在 BRDM-1 装甲侦察车的基础上改进而成。1962 年，BRDM-2 两栖装甲侦察车开始批量生产，同年正式服役。1989 年，BRDM-2 两栖装甲侦察车停止生产，总产量约 7200 辆，衍生型号较多。除俄罗斯外，埃及、匈牙利、印度、印度尼西亚、利比亚、波兰、越南等国也有采用。

### 实战性能

BRDM-2 装甲车的车体采用全焊接钢装甲结构，可抵挡轻武器射击和炮弹破片。战斗室两侧各有一个射击孔，为扩大乘员观察范围，在射击孔上装有一套突出车体的观察装置。该车的主要武器为 1 挺 14.5 毫米 KPVT 重机枪，携弹 500 发。其右侧为 1 挺 7.62 毫米 PKT 并列机枪，携弹 2 000 发。在重机枪的左侧装有 1 具瞄准镜，以提高射击精度。机枪的高低射界为 -5 度至 +30 度。此外，车内还有两支冲锋枪和 9 枚手雷。

> **趣味小知识**
>
> BRDM-2 在水上利用安装在车体后部的单台喷水推进器驱动，水上最小转弯半径 10 米。

# 俄罗斯"回旋镖"装甲运兵车

"回旋镖"装甲运兵车是俄罗斯最新研制的一款轮式两栖装甲运兵车,用于取代 BTR-80 系列装甲运兵车。

| 基本参数 ||
|---|---|
| 长度 | 8 米 |
| 宽度 | 3 米 |
| 高度 | 3 米 |
| 重量 | 25 吨 |
| 最大速度 | 100 千米/时 |
| 相关简介 | |

## 研发历史

20 世纪 90 年代早期,俄罗斯研制出了 BTR-90 装甲运兵车,虽然这种新式装甲运兵车的性能优于 BTR-80 装甲运兵车,但造价十分昂贵,最终未能大量装备部队。2011 年,俄罗斯联邦国防部公开表示将不会采购 BTR-90 装甲运兵车,同时对外发布了一项模组化轮式装甲车系列的采购需求。2012 年 2 月,时任俄罗斯陆军总司令的亚历山大·波斯特尼柯夫上将对外表示俄军将于 2013 年接收第一辆"回旋镖"装甲运兵车的原型车。2015 年,"回旋镖"装甲运兵车在莫斯科胜利日阅兵的预演中首次公开亮相。

## 实战性能

"回旋镖"装甲运兵车的车体高大,前上装甲倾斜明显,车体两侧和车尾基本竖直。炮塔位于车体中央。该车采用先进的陶瓷复合装甲,并应用了最新的防御技术来避免被炮火击中。"回旋镖"装甲运兵车的主要武器是 1 门 30 毫米机关炮、1 挺遥控操作的 7.62 毫米机枪(或 12.7 毫米机枪)以及 4 枚反坦克导弹,火力远强于美国"斯特赖克"装甲车。"回旋镖"装甲运兵车的车组人员为 3 人,并可载运 9 名步兵。

### 趣味小知识

与早前 BTR 系列装甲运兵车不同,"回旋镖"装甲运兵车的发动机安装在车体前方而不是车尾。该车的车尾有两具喷水推进装置,使其拥有克服水流并快速前进的能力。

## 俄罗斯"虎"式装甲车

"虎"式装甲车是俄罗斯嘎斯汽车公司于21世纪初研制的一款轮式轻装甲越野车,2006年开始服役。

| 基本参数 | |
|---|---|
| 长度 | 5.7米 |
| 宽度 | 2.4米 |
| 高度 | 2.4米 |
| 重量 | 7.2吨 |
| 最大速度 | 140千米/时 |
| 相关简介 | |

### 研发历史

在第一次车臣战争(1994-1996年)期间,俄罗斯军队装备的BTR系列装甲车以及UAZ-469B系列轻型指挥车,在车臣叛军RPG火箭弹、DShK重机枪等火力的围攻下损失惨重。1997年,俄罗斯军队装备部门着手研发一款类似美军"悍马"装甲车的轮式轻型装甲车,以便在从远东、西伯利亚平原至外高加索地区甚至广袤的中东沙漠等地区,执行城市反恐和丘陵地区突击等反恐作战任务。新型装甲车的研发任务由嘎斯汽车公司承担,其成果就是"虎"式装甲车。该车于2006年正式服役,至2014年约有4万台"虎"式装甲车成为俄罗斯军队制式装备,有不同的改型车充当警用车、特种攻击车、反坦克发射车以及通信指挥车。

### 实战性能

与俄罗斯之前的越野车相比,"虎"式装甲车的装甲防护得到了极大的加强,整车更是配置了核生化三防系统。"虎"式装甲车的车体由厚度为5毫米、经过热处理的防弹装甲板制成,可有效抵御轻武器和爆炸装置的攻击。"虎"式装甲车可以搭载多种武器,包括7.62毫米PKP通用机枪、12.7毫米Kord重机枪、AGS-17型30毫米榴弹发射器、"短号"反坦克导弹发射器等。该车可以搭载10名全副武装的步兵,有效载荷为1.5吨。

#### 趣味小知识

在不经过准备的前提下,"虎"式装甲车的涉水深度在1米左右,而经过防水处理后,涉水深度将会达到1.5米。

## 乌克兰 BTR-4 装甲运兵车

BTR-4 装甲运兵车是乌克兰于 21 世纪初研制的一款 8×8 轮式装甲运兵车，2009 年开始服役。

头部特写

顶部武器特写

| 基本参数 | |
| --- | --- |
| 长度 | 7.65 米 |
| 宽度 | 2.9 米 |
| 高度 | 2.86 米 |
| 重量 | 17.5 吨 |
| 最大速度 | 110 千米/时 |
| 相关简介 | |

### 研发历史

BTR-4 装甲运兵车是乌克兰以苏联时代的 BTR-60/70/80 装甲运兵车为基础自行研发的 8×8 轮式装甲车，总体沿用了 BTR-80 装甲运兵车的布局，但在细节设计上向德国"狐"式装甲车靠拢。除装备乌克兰陆军外，该车还被印度尼西亚海军陆战队、伊拉克陆军、哈萨克斯坦陆军等部队采用。

### 实战性能

BTR-4 装甲运兵车的车首布局可提供给驾驶员和车长良好的前向及侧向视野，观察范围比 BTR-80 装甲运兵车更佳。载员数量因所选装的武器系统不同而有所不同，基本型可运载 8 人。BTR-4 装甲运兵车可抵御 100 米内发射的 12.7 毫米子弹和 155 毫米榴弹的破片袭击。若加装模块化附加装甲，防弹能力可进一步提高。该车的主要武器是 1 门 30 毫米机关炮，还可装备 4 枚反坦克导弹。

#### 趣味小知识

除了用于完成常规作战任务以外，BTR-4 装甲运兵车还可以用于完成多种作战任务，包括防空、战场救护、战地指挥、火力支援和侦察等。

## 英国"撒拉森"装甲车

"撒拉森"装甲车是英国阿尔维斯汽车公司于20世纪50年代研制的六轮装甲车,编号为FV 603。除英国外,澳大利亚、尼日利亚、斯里兰卡、南非、约旦、泰国和科威特等国也有装备。

前脸特写

尾部舱门特写

| 基本参数 | |
|---|---|
| 长度 | 4.8米 |
| 宽度 | 2.54米 |
| 高度 | 2.46米 |
| 重量 | 11吨 |
| 最大速度 | 72千米/时 |
| 相关简介 | |

### 研发历史

"撒拉森"装甲车是英国阿尔维斯汽车公司生产的FV 600系列装甲车之一,采用与FV 601"撒拉丁"装甲车相同的底盘,而悬挂系统、发动机、传动装置和制动系统有所改良。1952年,"撒拉森"装甲车Mk 1型开始批量生产。该车有多种改进型,包括Mk 2(炮塔为两门式设计,后方炮塔门可折叠成车长专用座位)、Mk 3(装有水冷装置以适应炎热气候)、Mk 5(Mk 1或Mk 2加装额外装甲的版本)和Mk 6型(Mk 3加装额外装甲的版本)等。

### 实战性能

"撒拉森"装甲车采用6×6轮式设计,车身装甲厚16毫米,连同驾驶员和车长共可乘载11人。该车在英国陆军中主要用作装甲运兵车、装甲指挥车及装甲救护车,改进型还包括加装通信或指挥器材和火炮引导等。一般情况下,"撒拉森"装甲车的车体上装有小型旋转炮塔,炮塔上有1挺L3A4(M1919)同轴机枪,另有1挺用于平射及防空的"布伦"轻机枪。

#### 趣味小知识

"撒拉森"装甲车的最大越野速度为32千米/时,最大公路速度为72千米/时,最大行程为400千米。

# 英国"豺狼"装甲车

"豺狼"装甲车是英国苏帕凯特公司研制的一款4×4轮式装甲车,2008年开始服役。

驾驶席特写　　　轮胎特写

| 基本参数 | |
|---|---|
| 长度 | 5.39米 |
| 宽度 | 2米 |
| 高度 | 1.97米 |
| 重量 | 6.65吨 |
| 最大速度 | 130千米/时 |
| 相关简介 | |

## 研发历史

为了满足英国陆军特别空勤团的作战需求,苏帕凯特公司开发了"豺狼"装甲车来取代部分陆虎车型。2008年,"豺狼"装甲车开始服役,订购数量超过500辆,除装备英国陆军特种部队外,其他军种也有采用。

## 实战性能

"豺狼"装甲车主要用于满足战场侦察、快速攻击和火力支援,机动能力高、持久作战能力强和灵活性好是该车的重要特点。与路虎"卫士"越野车相比,"豺狼"装甲车能够搭载更多的设备,具有更强的防护能力,而且续驶里程更长。用作巡逻车时,"豺狼"装甲车有3名乘员,其中2人配备武器,指挥员可以操纵遥控武器站的7.62毫米机枪或12.7毫米机枪或自动榴弹发射器。"豺狼"装甲车能够经由C-130飞机和CH-47直升机运输。

### 趣味小知识

与现代许多军用车辆设计概念不同,"豺狼"装甲车是一种开放式车辆,注重火力和视野,而不是防护。在没有安装防护组件的情况下,"豺狼"装甲车容易被地雷炸毁或遭到伏击,车辆主要依靠速度和机动来提高防护水平。

# 法国 VAB 装甲车

VAB 装甲车是 1976 年开始服役法国军队的，其构型有 4×4 和 6×6 两种，衍生型极多。

驾驶舱特写

载员舱特写

| 基本参数 | |
|---|---|
| 长度 | 5.98 米 |
| 宽度 | 2.49 米 |
| 高度 | 2.06 米 |
| 重量 | 13.8 吨 |
| 最大速度 | 110 千米/时 |
| 相关简介 | |

## 研发历史

20 世纪 60 年代末，法国决定为陆军中的机械化部队装备 AMX-10P 履带式步兵战车，其他陆军部队配备轮式装甲人员输送车，并于 1969 年对轮式装甲人员输送车提出了设计要求。1972-1973 年，法国雷诺汽车公司根据上述要求，设计出 VAB 样车。1974 年，法国对 VAB 装甲车进行了一系列战术、技术试验。1976 年，第一批生产型 VAB 装甲车交付法国陆军。此后，该车相继出口到意大利、卡塔尔、印度尼西亚、摩洛哥、科威特等多个国家。

## 实战性能

VAB 装甲车的车体由高强度钢板焊接而成，能够抵挡 100 米距离内的 7.62 毫米枪弹和弹片的杀伤。法军装备的 VAB 装甲车都有三防装置，出口型可根据订货方的要求安装。载员舱可容纳 10 名全副武装的步兵，从后门上下车。VAB 装甲车的车载武器是安装在车长上方顶甲板的 CB52 枪塔，配备 1 挺 7.62 毫米 AA-52 通用机枪。机枪俯仰范围为 -15 度至 +45 度，对空时俯仰范围可为 -20 度至 +80 度。另外，还可安装 TLi52A 枪塔，配备 1 挺 12.7 毫米 M2HB 机枪。该车的出口型可根据订货方的要求安装其他武器，包括导弹和火炮等。

### 趣味小知识

VAB 装甲车有足够的浮渡能力，水上行驶时，竖起车前防浪板，依靠安装在车后两侧的喷水推进器推进。

# 法国 AMX-10RC 装甲车

AMX-10RC 装甲车是由法国地面武器工业集团制造的一款轻型轮式装甲侦察车，1981 年开始服役。

仪表盘特写

尾部特写

### 基本参数

| | |
|---|---|
| 长度 | 6.24 米 |
| 宽度 | 2.78 米 |
| 高度 | 2.56 米 |
| 重量 | 15 吨 |
| 最大速度 | 85 千米/时 |
| 相关简介 | |

## 研发历史

为了满足法国陆军取代潘哈德 EBR 重型装甲车的要求，法国地面武器工业集团从 1970 年 9 月开始设计 AMX-10RC 装甲车。该车与 AMX-10P 步兵战车除了使用共通的动力套件外，其他设计以及在战场上的角色定位都大不相同。AMX-10RC 装甲车拥有相当优秀的机动性能，通常被用于危险环境中执行侦察任务，或是提供直接火力支援。1981 年，AMX-10RC 装甲车开始服役。除装备法军外，摩洛哥和卡塔尔也进口了 AMX-10RC 装甲车。截至 2019 年 4 月，该车仍然在役。

## 实战性能

AMX-10RC 装甲车的车体和炮塔为全焊接的铝制结构，可使乘员免受轻武器、光辐射和弹片的伤害。该车安装了核生化防护系统，这使它能在被放射线污染的环境中执行侦察任务。AMX-10RC 装甲车的主要武器是 1 门安装在铝制焊接炮塔上的 105 毫米线膛炮，其火力较强，可发射尾翼稳定脱壳穿甲弹、高爆弹、反坦克高爆弹以及烟幕弹等。其中，尾翼稳定脱壳穿甲弹可在 2 000 米的距离外穿透北约装甲标靶中的第三层重甲。辅助武器为 1 挺 7.62 毫米机枪，备弹 4 000 发。

### 趣味小知识

AMX-10RC 装甲车采用默西埃汽车工业公司的液气悬挂系统，可调节车底距地高度，最小值为 0.21 米，公路上为 0.35 米，越野时为 0.47 米，两栖操作时为 0.6 米。

## 法国 VBL 装甲车

VBL 装甲车是法国于 20 世纪 80 年代研制的一款轻型轮式装甲车,具有一定的装甲防护能力,在战场上担任的角色类似于美军"悍马"装甲车。

驾驶席特写

前脸特写

| 基本参数 | |
|---|---|
| 长度 | 3.8 米 |
| 宽度 | 2.02 米 |
| 高度 | 1.7 米 |
| 重量 | 3.5 吨 |
| 最大速度 | 95 千米 / 时 |
| 相关简介 | |

### 研发历史

20 世纪 80 年代中期,法国军队需要一种新的步兵机械化车辆,以取代现役的老旧载具。针对这一需求,法国军队展开了"轻型装甲车辆"项目,设计一种轻型四轮装甲车。1990 年,VBL 装甲车开始批量生产,法国军队的装备数量超过 1 600 辆。除法国外,VBL 装甲车还出口到希腊、墨西哥、阿曼、葡萄牙和科威特等国。

### 实战性能

VBL 装甲车体型较小,重量较轻,车上装有三防装置,车体装甲能抵挡 7.62 毫米子弹和炮弹破片的袭击。该车具有很好的武器适应性,可根据部队需要装备多种不同类型的武器系统。车顶上装有可以 360 度回旋的枪架和枪盾,能安装多种轻机枪或重机枪(如 FN Minimi 轻机枪、M2 重机枪等)。VBL 装甲车虽然设有装甲,但是重量不到 4 吨,具有很强的战略机动性。该车的体积小也很小,便于使用 C-130、C-160 或 A400M 等运输机空运。

#### 趣味小知识

VBL 装甲车的变型车较多,除装甲侦察车、装甲输送车外,还有指挥车、国内安全车、防空车、通信车、雷达车、弹药输送车、反坦克车等型号。

## 法国 VBCI 步兵战车

VBCI（法语 Véhicule Blindé de Combat d'Infanterie）步兵战车是法国新一代步兵战车，2008 年开始服役。

顶部舱门特写

轮胎特写

### 研发历史

20 世纪 90 年代，法国提出了新型战车的设计要求，其内容包括战车采用标准模块化保护组件，能够适应各种威胁；安装先进的 SIT 终端信息系统来实现智能化；装备先进多传感器光电瞄准具，具有准确、快速的昼夜作战能力等。之后，法国地面武器工业集团和雷诺公司合力研发这种新型战车，并于 2005 年成功推出了 VBCI 步兵战车。

| 基本参数 | |
|---|---|
| 长度 | 7.6 米 |
| 宽度 | 2.98 米 |
| 高度 | 3 米 |
| 重量 | 25.6 吨 |
| 最大速度 | 100 千米/时 |
| 相关简介 | |

### 实战性能

VBCI 步兵战车的车体采用高强度铝合金制成，带有防弹片层，并装有钢附加装甲，提供了良好的防护能力。车上装有光学激光防护系统，车底装有防地雷模块，并且还装有 GALIX 自动防护系统。如果某个车轮被地雷摧毁，车辆能使用剩余的车轮驱动。VBCI 步兵战车可搭载 8 名步兵，车上乘员由驾驶员、炮长和车长组成，共计 11 名战斗人员。该车的主要武器为 1 门 25 毫米机关炮，辅助武器为 1 挺 7.62 毫米同轴机枪。VBCI 步兵战车底盘的设计使其可安装多种其他武器系统，包括 120 毫米低后坐力滑膛炮。

#### 趣味小知识

VBCI 步兵战车具备与主战坦克接近的机动性，并可以由 A400M "空中客车"运输机运输。

## 德国"野犬"全方位防护运输车

"野犬"全方位防护运输车是德国国防军现役的军用装甲车,主要有"野犬1"和"野犬2"两种型号。

侧面装甲特写

尾部特写

### 基本参数

| 长度 | 6.08米 |
|---|---|
| 宽度 | 2.3米 |
| 高度 | 2.5米 |
| 重量 | 11.9吨 |
| 最大速度 | 90千米/时 |
| 相关简介 | |

### 研发历史

21世纪初,德国克劳斯-玛菲·威格曼公司自筹资金研制了一批装甲车辆,包括"拳师犬"装甲运兵车和"野犬"全方位防护运输车等。"野犬"全方位防护运输车使用乌尼莫克底盘,先后有"野犬1"和"野犬2"两种型号。与"野犬1"相比,"野犬2"的载荷和内部空间得到提高,能够执行更多任务,有人员输送车、救护车、货车、指挥控制车、防空车和前线观察车等多种车型。2000年8月,克劳斯-玛菲·威格曼公司向德国国防军交付了首批"野犬"全方位防护运输车。之后,该车陆续出口到奥地利、比利时、捷克等国。

### 实战性能

"野犬"系列全方位防护运输车采用模块化结构,主要由安全室(即乘员室)、发动机罩(前部)、储物箱(后部)、弹药挡板(下部)等模块组成,它们全部安装在4×4轮式底盘上。这种结构不仅使"野犬"系列全方位防护运输车的用途广泛,还降低了采购和维修成本,更提高了全车的可靠性。"野犬"系列全方位防护运输车可以运载5~8名士兵,已经赶上一般步兵战车和装甲运兵车的承载能力。该车装有1挺7.62毫米遥控机枪,也可替换为12.7毫米机枪或HK GMG自动榴弹发射器。

#### 趣味小知识

2005年,一辆隶属于德国国防军的"野犬2"全方位防护运输车在波黑执行巡逻任务时,遭受1枚6千克反坦克地雷的攻击,但车内乘员安然无恙,显示了良好的全方位防护性。

# 德国"拳师犬"装甲运兵车

"拳师犬"装甲运兵车是德国克劳斯-玛菲·威格曼公司设计制造的轮式装甲运兵车，2008年开始服役。

内部特写

顶部舱门特写

| 基本参数 | |
|---|---|
| 长度 | 7.88米 |
| 宽度 | 2.99米 |
| 高度 | 2.37米 |
| 重量 | 25.2吨 |
| 最大速度 | 103千米/时 |
| 相关简介 |  |

## 研发历史

早在1990年2月，德国就提出了一种新型多用途轮式装甲车的战术概念。由于经费不足，德国寻求与其他国家合作研制，共担风险。最初并没有其他国家响应，德国只好自己先投入研制工作。直到1999年11月和2001年2月，英国和荷兰才相继加入德国的联合研制计划。2002年12月，位于德国慕尼黑的克劳斯-玛菲·威格曼公司制造出第一辆原型车。欧洲武器联合采购组织为这种新型轮式装甲车起了德国、英国和荷兰都同意的名字——"拳师犬"装甲运兵车。之后，英国退出了这一研制计划。2008年，"拳师犬"装甲运兵车正式服役。除装备德国和荷兰军队外，立陶宛也有进口。

## 实战性能

"拳师犬"装甲运兵车最突出的特点是不变的车体与模块化设计的结合。车体用高硬度装甲焊接，模块化设计包括驾驶模组和任务模组两大部分。它保持车体不变，后车厢则被分成一组一组的模块。通过调整模块，可将原来的装甲运兵车变成装甲救护车、后勤补给车或装甲指挥车等，而更换后车厢模块仅用一小时就能完成。得益于模块化设计，"拳师犬"装甲运兵车可以安装多种不同类型的武器，包括12.7毫米机枪、7.62毫米机枪、20毫米机关炮、25毫米机关炮、30毫米机关炮、105毫米突击炮、120毫米迫击炮等。

## 意大利 VBTP-MR 装甲车

VBTP-MR 装甲车是意大利依维柯公司专为巴西军队设计的一款轮式两栖装甲车，2015 年开始装备巴西海军陆战队。

顶部舱门特写

喷水推进器特写

| 基本参数 | |
|---|---|
| 长度 | 6.9 米 |
| 宽度 | 2.7 米 |
| 高度 | 2.34 米 |
| 重量 | 16.7 吨 |
| 最大速度 | 110 千米 / 时 |
| 相关简介 | |

### 研发历史

21 世纪初，巴西军方希望研发一种 18 吨重的轮式车辆，考虑到巴西国内河流众多，加之其海岸线复杂漫长，巴西军方要求该车能胜任两栖作战任务，至少能搭载 10 名士兵，可加配侧翼浮筒以增大在河流水网密布地区的浮渡能力，可配多种武器系统。之后，巴西军方意识到新一代装甲车也必须具备快速部署能力，于是将 VBTP-MR 可由 C-130 运输机装载的机动部署性能写进了技术指标。2009 年，VBTP-MR 样车在里约热内卢国际航空防务展上亮相。

### 实战性能

VBTP-MR 装甲车采用以色列埃尔比特公司生产的 UT-30 无人炮塔，可配用多种武器，如 7.62 毫米机枪、12.7 毫米机枪、30 毫米榴弹发射器、40 毫米榴弹发射器或反坦克导弹等。此外，激光告警系统、车长全景式瞄准具和发烟榴弹发射器也与炮塔整合在一起。VBTP-MR 装甲车可在行进间射击，观瞄火控系统还整合了目标自动跟踪、激光测距等功能，对移动目标具有较高的首发命中率。VBTP-MR 装甲车有 2 名车组人员，可运载 9 名全副武装的步兵，乘员可通过后部和顶部舱门进出。

#### 趣味小知识

在全负载条件下，VBTP-MR 装甲车可攀爬 60 度斜坡，独立、高度可调的悬挂可翻越 0.5 米矮障，能克服 1 米宽的堑壕和深沟。在水中行驶时，VBTP-MR 装甲车的最大速度为 9 千米 / 时。

# 瑞士"食人鱼"装甲车

"食人鱼"装甲车是瑞士莫瓦格公司设计制造的一款轮式装甲车,根据车轮数量有4×4、6×6、8×8、10×10等多种版本,是欧美国家广泛使用的装甲车。

大灯特写

轮胎特写

| 基本参数 | |
|---|---|
| 长度 | 4.6米 |
| 宽度 | 2.3米 |
| 高度 | 1.9米 |
| 重量 | 3吨 |
| 最大速度 | 100千米/时 |
| 相关简介 | |

 **研发历史**

20世纪70年代初期,莫瓦格公司就以自筹资金的方式开始研制"食人鱼"装甲车。1972年生产出第一辆样车,为6×6车型。1976年,莫瓦格公司开始为加纳、利比里亚、尼日利亚和塞拉利昂生产4×4、6×6、8×8车型。1977年,加拿大武装部队在经过充分对比后,选择了"食人鱼"装甲车,签署了350辆6×6车型的订单。不久,又增加到491辆。此后,美国、瑞士、沙特阿拉伯、智利、澳大利亚、阿曼、丹麦、以色列、瑞典、新西兰、卡塔尔等国也相继订购了"食人鱼"装甲车。时至今日,"食人鱼"装甲车已经从Ⅰ型发展到Ⅴ型。

**实战性能**

"食人鱼"装甲车装有中央轮胎压力调节系统,驾驶员可依据车辆路面行驶状况调节轮胎压力。车内有预警信号装置,当车辆行驶速度超过所选择轮胎压力极限时,预警信号装置便发出报警信号。该车可以搭载的武器较多,如10×10版本的主要武器是1门105毫米线膛炮,炮塔可旋转360度。发射尾翼稳定脱壳穿甲弹初速达1 495米/秒,具有反坦克能力。辅助武器是1挺7.62毫米并列机枪。车上携炮弹38发,枪弹2 000发。

**趣味小知识**

"食人鱼"装甲车有涉渡2米深水域的能力。涉水时,除用车轮滑水外,也用螺旋桨推进器。

## 芬兰 XA-188 装甲输送车

XA-188 装甲输送车是芬兰帕特里亚公司研制的一款轮式装甲输送车,除装备芬兰陆军外,奥地利陆军、丹麦陆军、瑞典陆军、荷兰海军陆战队等军队也有采用。

### 研发历史

由于地缘和历史的原因,芬兰军队多采用苏制武器装备,到了 20 世纪 80 年代初期,原采购的苏制装备性能已显落后。随着芬兰工业实力的增强,芬兰军方想独立研制本国的武器装备,XA-188 装甲输送车便是为了替代过时的苏制 BTR-60 装甲运兵车而研制的一种。

| 基本参数 | |
| --- | --- |
| 长度 | 7.7 米 |
| 宽度 | 2.8 米 |
| 高度 | 2.3 米 |
| 重量 | 27 吨 |
| 最大速度 | 100 千米 / 时 |
| 相关简介 | |

### 实战性能

XA-188 装甲输送车的车体由钢板焊接,能防轻武器和弹片。该车装有帕特里亚公司自行研制的 PML-127 OWS 炮塔,该炮塔为全开放式设计,没有防盾,1 挺 12.7 毫米重机枪装在可升降的转塔上,炮手可遥控操纵,也可手动开火。PML-127 OWS 炮塔为电 / 液综合驱动,可 360 度旋转,在 -8 度至 +48 度俯仰。炮手拥有 1 具德国蔡斯 PERI-Z16A1 瞄准具和 1 具 NAE-200 周视瞄准具。

### 趣味小知识

XA-188 装甲输送车在水上行驶时,由车后两侧喷水推进器推进。

## 荷兰 YP-408 装甲输送车

YP-408 装甲输送车是荷兰达夫公司研制的一款轮式装甲输送车，1964 年开始批量生产，1968 年停止生产，总生产量约 750 辆。

尾部舱门特写

前脸特写

### 研发历史

YP-408 装甲输送车由达夫公司于 1956 年开始研制，1957 年制成模型，1958 年完成第一辆样车。经试验与改进后于 1964 年投产，1968 年停产，总生产量约 750 辆。除荷兰本国使用外，还出口到葡萄牙和苏里南等国。

| 基本参数 | |
| --- | --- |
| 长度 | 6.23 米 |
| 宽度 | 2.4 米 |
| 高度 | 1.87 米 |
| 重量 | 9.9 吨 |
| 最大速度 | 82 千米/时 |
| 相关简介 | |

### 实战性能

YP-408 装甲输送车的车体为焊接钢板结构，动力传动装置前置，驾驶员位于发动机之后，载员舱在最后。车后开有两扇车门，每扇车门上开有 1 个射孔。顶部有 6 个舱口，每侧 3 个。载员舱内可搭载 10 名士兵，面对面乘坐，每侧 5 名。YP-408 装甲输送车不能水上行驶，没有三防装置，但车内安装了加温器。该车的轮胎侧壁有加强层，被击穿后仍可继续减速行驶 50 千米。YP-408 装甲输送车的自卫武器为 1 挺 12.7 毫米 M2HB 机枪，能手动 360 度旋转。

#### 趣味小知识

YP-408 装甲输送车的变速箱有 5 个前进挡和 1 个倒挡，分动箱有高低两个速度范围，动力经分动箱传至前、后车轮。

# 南非"大山猫"装甲车

"大山猫"(Rooikat)装甲车是南非研制的一款轮式装甲战斗车辆,1990年开始服役,总产量为240辆。

内部设备特写

仪表盘特写

| 基本参数 | |
| --- | --- |
| 长度 | 7.1米 |
| 宽度 | 2.9米 |
| 高度 | 2.6米 |
| 重量 | 28吨 |
| 最大速度 | 120千米/时 |
| 相关简介 | |

## 研发历史

在20世纪60年代和70年代,南非国防军使用法国生产的"大羚羊"Mk 7和Mk 9轻型装甲车辆作为侦察车。1978年安哥拉内战爆发后,南非卷入战争。在战场上,"大羚羊"装甲车既没有足够的装甲来保护自己,也缺乏能够执行搜寻摧毁任务的火力,而当时南非装备的"号角"坦克机动能力差,最大行程小,南非需要一种中型地面车辆,并且要求是轮式装甲战斗车,不能像坦克那样笨重缓慢,但要有和坦克一样的远距离火力。于是,"大山猫"装甲车就诞生了。

## 实战性能

早期的"大山猫"装甲车为了增加载弹量,增强可持续作战能力,配备1门76毫米GT4线膛炮,可发射尾翼稳定脱壳穿甲弹、破甲弹、榴弹、烟幕弹等,备弹48发。1994年,换装了105毫米GT7线膛炮,能够发射所有北约标准的105毫米炮弹,射速为每分钟6发。该车的辅助武器是2挺7.62毫米机枪,一挺与主炮并列,另一挺用于防空。

### 趣味小知识

"大山猫"装甲车主要用于作战侦察,驾驶员可以根据地形选择8×8全轮驱动或者8×4驱动方式。前四轮为转向轮,有转向助力装置。

# 南非 RG-31 防地雷反伏击车

RG-31 防地雷反伏击车是英国宇航系统公司南非分公司设计并制造的防地雷反伏击车，2000 年开始服役。

| 基本参数 | |
|---|---|
| 长度 | 6.4 米 |
| 宽度 | 2.47 米 |
| 高度 | 2.63 米 |
| 重量 | 7.28 吨 |
| 最大速度 | 100 千米/时 |
| 相关简介 | |

## 研发历史

RG-31 防地雷反伏击车于 21 世纪初问世，服役不久便被美国和加拿大等国的军队投入伊拉克和阿富汗战场。该车在战场上表现出色，英国宇航系统公司南非分公司根据使用者的反馈，不断进行改进，先后推出了 RG-31 MK 3A、RG-31 MK 5、RG-31 MK 5E、RG-31 MK 6E、RG-31 Charger、RG-31 Sabre 和 RG-31M 等多种改进型，形成了一个庞大的防地雷反伏击车家族。

## 实战性能

RG-31 防地雷反伏击车的 V 形车体抗地雷能力强，可承受 14 千克 TNT 当量的反坦克地雷在任何一个车轮下的爆炸，也能防御 7 千克地雷在车体下爆炸所产生的冲击。它的大型防弹车窗能为全体车内乘员提供良好的视野。RG-31 防地雷反伏击车各个型号的弹道防护水平不断提升，MK 3 型达到国际标准一级防护水平，MK 5 型又提高到国际标准二级防护水平。车上配备了饮用水箱和大功率空调风扇，提高了车辆和人员在热带沙漠地区的生存力。

### 趣味小知识

RG-31 防地雷反伏击车的武器装备载荷可根据用户作战任务需要配装，如美国陆军装备的车型采用了澳大利亚普拉德工厂研制的 MR555 型武器站，而驻阿富汗加拿大部队配备的 RG-31 防地雷反伏击车则安装了加拿大本国生产的遥控武器站。

## 南非 RG-35 防地雷反伏击车

RG-35 防地雷反伏击车是英国宇航系统公司南非分公司设计制造的一款防地雷反伏击车，2009 年开始服役。

### 研发历史

21 世纪初，英国宇航系统公司南非分公司设计制造的 RG-31 和 RG-32 防地雷反伏击车先后进入伊拉克战场，使用效果不错。伊拉克路况好，RG-31 和 RG-32 防地雷反伏击车很少出故障。然而，到了阿富汗后，因山路较多、巡逻路程远，RG-31 和 RG-32 防地雷反伏击车无法装载过多的军用物资，车体装甲防护也达不到要求，翻车事故频频发生。英国宇航系统公司南非分公司在调查了解战场情况后，决定研发一种载重量更大、用途更广、装甲防护更好的防地雷反伏击车，并将其定名为 RG-35 防地雷反伏击车。该车于 2008 年设计定型，2009 年开始批量生产并装备部队。

| 基本参数 | |
|---|---|
| 长度 | 7.4 米 |
| 宽度 | 2.5 米 |
| 高度 | 2.7 米 |
| 重量 | 18.13 吨 |
| 最大速度 | 115 千米/时 |
| 相关简介 | (二维码) |

### 实战性能

RG-35 防地雷反伏击车的防护能力比 RG-31 和 RG-32 防地雷反伏击车有明显加强。全车采用高强度装甲钢焊接结构，可抗动能弹，能抵御 14.5 毫米枪弹和 155 毫米炮弹破片的袭击。V 形底盘设计，车底和每个车轮都能防御 10 千克装药的反坦克地雷。座椅底板都进行装甲强化处理，可抗地雷爆炸时所产生的冲击波。如果进入危险性高的地方作战，RG-35 防地雷反伏击车可加挂附加装甲。RG-35 防地雷反伏击车主要承担前线兵力的投送任务，因而武器系统没有加强。车顶遥控武器站配备 1 挺 12.7 毫米机枪，可选择增配 40 毫米榴弹发射器。

### 趣味小知识

RG-35 防地雷反伏击车驾驶舱内采用了全新的数字化电子设备、环绕式仪表板、大型显示屏、转向用液压助力设备和空调冷气传送装置等。

# 巴西 EE-11 装甲输送车

EE-11 装甲输送车是巴西恩格萨公司为陆军和海军陆战队研制的一款轮式装甲输送车,1972 年开始服役。

### 研发历史

EE-11 装甲输送车从 1970 年开始设计,同年 7 月完成第一辆样车,1972 年正式投产。它采用了卡斯卡维尔 EE-9 装甲侦察车的许多部件,经不断改进,出现了多个改进型号,包括专为巴西海军陆战队研制的水陆两用型。到 1984 年,该车总产量已超过 1 500 辆。除巴西本国使用外,还出口到近 20 个国家。

| 基本参数 | |
|---|---|
| 长度 | 6.15 米 |
| 宽度 | 2.65 米 |
| 高度 | 2.13 米 |
| 重量 | 11 吨 |
| 最大速度 | 105 千米/时 |
| 相关简介 | |

### 性能解析

EE-11 装甲输送车的车体、炮塔采用轧制钢板焊接结构,在直射距离内能抵御轻武器射击。驾驶员位于车前左侧,发动机前置,在驾驶员右侧。载员舱在车体后部,车体两旁开有侧门,后部开有一扇大车门。车顶中部偏左有一个圆形舱盖,可以安装主要武器,通常是 1 挺 12.7 毫米 M2HB 机枪或 1 挺 7.62 毫米机枪。

### 趣味小知识

EE-11 装甲输送车依靠轮胎划水在水上行驶,海军陆战队型在车顶后方装有 4 根水上行驶时的进气管,陆地行驶时放倒平置。

# 日本高机动车

高机动车是日本丰田汽车公司为日本陆上自卫队研制的一款军用车辆，又被称为"疾风"或"日本悍马"。

仪表盘特写

载员舱特写

| 基本参数 ||
| --- | --- |
| 长度 | 4.91 米 |
| 宽度 | 2.15 米 |
| 高度 | 2.24 米 |
| 重量 | 2.9 吨 |
| 最大速度 | 125 千米 / 时 |
| 相关简介 |  |

 **研发历史**

20 世纪 80 年代后期，看到美军"悍马"装甲车的出色表现，日本决定由丰田汽车公司研发一款具有相似性能的通用指挥车。1992 年，丰田完成了一款名为高机动车的通用军车。1993 年，高机动车率先装备日本陆上自卫队富士教导学校。截至 2019 年 4 月，该车仍在服役。

**实战性能**

由于参照了"悍马"装甲车的设计理念，高机动车的车身外形与"悍马"装甲车大致相当。该车采用了多层次玻璃纤维真空成型车身，内部有一层防弹贴装可防小型武器和弹片，实际使用时也可外挂装甲。高机动车配备普利司通大尺寸全地形漏气保用轮胎，抓地力强，可轻松跨过沟渠。该车的武器以小口径武器为主，通常是 1 挺 7.62 毫米 FN Minimi 机枪。此外，也可以根据需要安装其他武器，如地对空导弹、榴弹发射器、烟幕弹发射器等。

**趣味小知识**

高机动车的刹车系统采用了位于驱动轴上的四轮通风碟刹，不但保证了刹车性能，也有利于在恶劣地形下对刹车系统的保护。

## 日本 96 式装甲运兵车

96 式装甲运兵车是日本于 20 世纪 90 年代设计并制造的一款轮式装甲运兵车，1996 年开始服役。

载员舱内部特写

尾部车门特写

### 研发历史

作为 60 式装甲运兵车和 73 式装甲运兵车的后继车种，96 式装甲运兵车于 1992 年由小松制作所开始研发，1996 年设计定型，同年开始批量生产并装备部队。截至 2017 年 7 月，96 式装甲运兵车一共生产了将近 400 辆。

| 基本参数 | |
|---|---|
| 长度 | 6.84 米 |
| 宽度 | 2.48 米 |
| 高度 | 1.85 米 |
| 重量 | 14.6 吨 |
| 最大速度 | 100 千米/时 |
| 相关简介 | |

### 实战性能

96 式装甲运兵车的车体为全焊接钢装甲结构，车体正面装甲厚 12 毫米，侧面装甲厚 8 毫米，仅具备防御炮弹破片和 7.62 毫米机枪子弹射击的能力。载员舱通常搭乘 8 名步兵，最多时可以搭乘 10 名步兵。96 式装甲运兵车的主要武器根据用途的不同，可以是 96 式 40 毫米自动榴弹发射器，也可以是 M2 型 12.7 毫米重机枪。40 毫米榴弹能够穿透 50 毫米厚的钢装甲板和 100 毫米厚的轻金属装甲板以及 180 毫米厚的钢筋混凝土。

### 趣味小知识

96 式装甲运兵车的轮胎为径向式小型轮胎，优点是能够紧密地接触松软的地面，在低速越野行驶时，通过中央轮胎压力调节系统，可以调低轮胎的压力，以此增大轮胎的接地面积，减小车辆的单位压力，提高车辆的通过能力。

# Chapter 07

# 非装甲车辆

非装甲车辆大多是轮式车辆,主要用于执行危险性相对较低的任务,例如在战线后方运送人员、补给物资和重型装备等。

## 美国 GPA 两栖吉普车

GPA 两栖吉普车是美国在二战时期研制的轮式两栖车辆,主要使用国为美国和苏联。

大灯特写

驾驶席特写

| 基本参数 | |
|---|---|
| 长度 | 4.62 米 |
| 宽度 | 1.63 米 |
| 高度 | 1.75 米 |
| 重量 | 1.11 吨 |
| 最大速度 | 95 千米 / 时 |
| 相关简介 | |

### 研发历史

1942 年 5 月,福特汽车公司获得了首批 5 000 辆两栖吉普车的订单,按照福特汽车公司的命名方式,政府用车用 G 表示,轴距 2 米的车辆用 P 表示,水陆两栖车辆用 A 表示,这样一来新车就被定名为 GPA 两栖运输车。该车在 1942 年至 1943 年生产,总产量为 12 778 辆。

### 实战性能

GPA 两栖吉普车是以威利吉普车为基础而研发的,在其基本结构上加上了一个船形车身和防水设备,因此它和吉普车一样在陆上是四轮驱动,要下水时则把发动机输出动力改为推动在车身后方的螺旋桨。由于干舷低、抗浪性、抗沉性不足,GPA 两栖吉普车只适合在河流上行驶而不适合在海上行驶。此外,该车需要较大精力进行维护保养,降低了实际使用效能。

> **趣味小知识**
>
> GPA 两栖吉普车的乘员需要穿着救生衣,所以美军士兵戏称其为"大澡盆"。

## 美国 LARC-V 两栖运输车

LARC-V 两栖运输车是美国于 20 世纪 50 年代后期研制的轮式两栖运输车。

头部特写

轮胎特写

### 研发历史

LARC-V（Lighter, Amphibious Resupply, Cargo, 5 ton）意为"轻型、两栖、再供给、载货、5 吨"，其研制工作始于 1958 年。该车被多个国家多支军队采用，包括美国海军、阿根廷陆军、阿根廷海军陆战队、澳大利亚陆军、菲律宾海军陆战队、葡萄牙海军陆战队等。

| 基本参数 | |
|---|---|
| 长度 | 10.67 米 |
| 宽度 | 3.05 米 |
| 高度 | 3.1 米 |
| 重量 | 8.6 吨 |
| 最大速度 | 48 千米/时 |
| 相关简介 | |

### 实战性能

LARC-V 两栖运输车的车底后方有一个三叶螺旋桨推进装置，车体与甲板齐平的外围有坚固的保护橡胶，甲板呈台阶状。该车的设计要求是能够从舰船到海岸间运载 4 545 千克的货物或 15 名至 20 名全副武装的士兵，如果需要，甚至可以驶入陆地纵深。

### 趣味小知识

阿根廷海军陆战队曾在英阿马岛战争中使用 LARC-V 两栖运输车。

# 美国重型增程机动战术卡车

重型增程机动战术卡车是美国奥什科什卡车公司设计制造的八轮越野卡车系列,昵称为"龙卡车"。

尾部特写

装载系统头部特写

### 基本参数

| 长度 | 10.39米 |
|---|---|
| 宽度 | 2.44米 |
| 高度 | 3.02米 |
| 重量 | 19.3吨 |
| 最大速度 | 100千米/时 |
| 相关简介 | |

## 研发历史

重型增程机动战术卡车的研制计划始于20世纪80年代初,1981年设计定型,1982年开始批量生产并进入美国陆军服役,用以替换老旧的M520卡车。重型增程机动战术卡车的型号较多,基型车为M977货车,其他车型还有M978油罐车、M983牵引车、M984救援车、M985货车、M1120装载系统、M1977通用桥梁运输车等。此外,另有一些10×10版本用于"托盘式装载系统"(Palletized Load System,PLS)计划。美国海军陆战队使用的型号被称为"物流载具系统"(Logistic Vehicle System Replacement,LVSR)。

## 实战性能

重型增程机动战术卡车的车架采用合金钢制造,双门两座驾驶室采用极其耐用的钢焊接结构,并采用耐腐蚀蒙皮。M977货车和M985货车均配有液压吊臂,有效载荷为9.1吨;M978油罐车可运输9 460升油料,并具有直升机加油能力;M983牵引车可作为"爱国者"导弹等火力平台,或搭载大型雷达等展开型设备;M984救援车有战车维修能力和拖拉能力;M1977通用桥梁运输车使用桥梁接头托盘可以装载、铺设和撤收带式舟桥,当装备有绞盘后,能用于控制铺设桥梁。重型增程机动战术卡车各种型号都可以使用C-130以上载运能力的运输机空运,大大增强了战略机动能力。

Chapter 07  非装甲车辆

# 美国 M1070 重型装备运输卡车

M1070 重型装备运输卡车是美国奥什科什卡车公司设计并制造的一款重型装备运输卡车，1992 年开始服役。

## 研发历史

20 世纪 90 年代初，美国陆军为了完成 M1 "艾布拉姆斯" 主战坦克的运输任务，向奥什科什卡车公司订购了 M1070 重型装备运输卡车。该车于 1992 年开始批量生产，先后有 M1070A0、M1070A1、M1070F、M1070 HET 等型号问世。M1070 重型装备运输卡车的出现也取代了此前奥什科什卡车公司设计的 M911 重型牵引车和 M747 半挂车的组合。截至 2019 年 4 月，M1070 重型装备运输卡车仍然在美国陆军服役，并出口到英国、埃及、以色列、摩洛哥、沙特阿拉伯、阿联酋和约旦等国。

| 基本参数 | |
|---|---|
| 长度 | 9.68 米 |
| 宽度 | 2.59 米 |
| 高度 | 3.71 米 |
| 重量 | 108.5 吨 |
| 最大速度 | 81 千米/时 |
| 相关简介 | |

## 实战性能

M1070 重型装备运输卡车是由 8 轮驱动的 M1070 牵引车和 M1000 半挂车组合而成。M1070 牵引车具备较强的越野性能，适应战场上恶劣的地形环境。M1070 重型装备运输卡车的主要使命是运输 M1 "艾布拉姆斯" 主战坦克，此外还能够运输装甲车、自行榴弹炮等重型车辆设备。该车配备了一个负荷能力达 25 吨的绞车作为装卸辅助设备。M1070A0 的有效载荷为 70 吨，M1070A1 和 M1070F 的有效载荷为 75 吨，而 M1070 HET 的有效载荷为 65 吨。

### 趣味小知识

为了适应多种地形环境，M1070 重型装备运输卡车选用了越野型轮胎，轮胎带有中央充放气系统，可实时调节轮胎充气量应对不同的地形条件。

## 俄罗斯乌拉尔 4320 卡车

乌拉尔 4320（Ural 4320）卡车是苏联乌拉尔汽车厂生产的一款军用卡车，1977 年开始服役。

车头特写

大灯特写

### 研发历史

乌拉尔 4320 卡车是较早的乌拉尔 375D 系列卡车（使用汽油发动机）的进一步发展型，1977 年开始批量生产并装备部队。该车有着极高的可靠性，便于修理和保养。经过不断的发展，如今乌拉尔 4320 系列卡车已有约 150 种变型车，其中许多车型为商业应用型。截至 2017 年 7 月，乌拉尔 4320 卡车仍在生产。

| 基本参数 | |
|---|---|
| 长度 | 7.37 米 |
| 宽度 | 2.5 米 |
| 高度 | 3 米 |
| 重量 | 15.3 吨 |
| 最大速度 | 82 千米/时 |
| 相关简介 | |

### 实战性能

乌拉尔 4320 卡车分为 6×6 和 4×4 两种版本。其中，6×6 军用系列有 5 种车型，均有标准的侧卸载货车体，以及 4 座驾驶室。乌拉尔 4320 卡车可以在各种道路和地形上运输货物、人员和拖挂拖车。另外，也可作为 BM-21 火箭炮的发射平台。乌拉尔 4320 卡车 6×6 型的有效载荷为 6~12 吨，而 4×4 车型的有效载荷为 5.5 吨。该车的底盘有很好的通过能力，因此它可以在难以修筑道路的沙漠地区或多岩石的地区使用。

> **趣味小知识**
>
> 乌拉尔 4320 卡车前桥的悬挂系统使用钢板弹簧配合两个弹簧液压伸缩式减震器，有助车辆在崎岖道路行驶时能够快速消除钢板弹簧的震动，从而使得车辆平稳行驶。

## 英国"平茨高尔"高机动性全地形车

"平茨高尔"高机动性全地形车是一款轮式全地形车,有4×4和6×6两种版本。

驾驶席特写

载员舱特写

### 基本参数

| 基本参数 | |
|---|---|
| 长度 | 5.31米 |
| 宽度 | 1.8米 |
| 高度 | 2.16米 |
| 重量 | 2.05吨 |
| 最大速度 | 110千米/时 |
| 相关简介 | |

### 研发历史

"平茨高尔"高机动性全地形车于1965年开始研制,1971年开始量产,最初由奥地利斯泰尔-戴姆勒-普赫公司生产,2000年起由英国车辆技术公司在英国进行生产,独特的底盘结构使其在越野能力上堪称一流。截至2019年4月,"平茨高尔"高机动性全地形车仍在生产,并已被英国、奥地利、美国、阿根廷、玻利维亚、塞浦路斯、黎巴嫩、立陶宛、马来西亚、新西兰、马其顿、沙特阿拉伯、塞尔维亚、瑞典、委内瑞拉等多个国家的军队采用。

### 实战性能

"平茨高尔"高机动性全地形车采用全合金的中央管状车架,传动系统内藏于管状车架内。因此,该车在沼泽地或海边行驶时,传动轴不会直接碰到海水,在山地越野时传动轴也不会碰到岩石,减少了故障率及增加车辆性能的可靠性。该车在车桥与车轮间采用低一级齿轮设计,使离地间隙增至335毫米,在复杂地形行驶时不易损伤车底零部件。"平茨高尔"高机动性全地形车的车身和电路密封性好,因此可以涉水行驶。

### 趣味小知识

与奔驰"乌尼莫克"卡车一样,"平茨高尔"高机动性全地形车也具有接近角大、动力强劲、动力分配好、轮胎抓地能力强、离地间隙大、涉水性能强等特点。

# 英国"卫士"越野车

"卫士"越野车是英国路虎汽车公司生产的一款 4×4 轮式轻型军用车辆。

## 研发历史

"卫士"越野车源自 1948 年韦尔斯兄弟设计的第一辆路虎,在最初的 20 多年中,它是代表路虎品牌的唯一车型。随着路虎的车型系列不断丰富,这一基本型号在 1990 年被正式命名为"卫士"。1949 年,英军首次订购路虎。此后,英军最终启用路虎汽车作为其在众多不同场合的标准四驱装备。

### 基本参数

| | |
|---|---|
| 长度 | 4.6 米 |
| 宽度 | 1.79 米 |
| 高度 | 2.13 米 |
| 重量 | 2 吨 |
| 最大速度 | 160 千米/时 |
| 相关简介 | |

## 实战性能

"卫士"越野车外观硬朗,坚固的箱式框架构成梯形底盘,上面安装了铝质车身。加长的螺旋弹簧替代了过去的钢板弹簧,提高了行驶和越野性能。"卫士"越野车有三种轴距供选择:90、110 和 130,分别称为:"卫士"90、"卫士"110 和"卫士"130。该车同时有两款发动机,5 速的手动变速箱和 2 速的分动箱是标准配置。"卫士"系列越野车采用全时四轮驱动,并带有可锁定中央差速器,越野性能极为出色。

## 趣味小知识

由于"卫士"越野车的车身平台可满足多种用途,所以其车身风格也多种多样,既有帆布软顶,也有配备了空调系统、密封良好的金属硬顶,用户可根据需要灵活选择。

Chapter 01　军用车辆概述

# 英国"狼"式越野车

"狼"式越野车是英国路虎汽车公司生产的4×4轮式轻型军用车辆,由"卫士"越野车改进而来。

### 研发历史

"狼"式越野车是路虎汽车公司在"卫士"110越野车的基础上改进而来,它增加了多根加强横梁,升级了差速器,后轴也有所变动。除装备英国各大军种外,"狼"式越野车还被其他国家的军队大量采用。

### 实战性能

"狼"式越野车的铝质车身重量轻而且坚固,不易生锈。该车的排量并不是很大,可以保证不错的燃油经济性和续航里程,因为是基于"卫士"越野车的车型,所以在越野性能上毋庸置疑。"狼"式越野车可以爬越45度斜坡,其双速分动箱在极端恶劣的路面也能给予足够的动力输出。在泥泞、冰雪、沙石路面,"狼"式越野车都能灵活自如地行驶。

| 基本参数 | |
|---|---|
| 长度 | 4.6米 |
| 宽度 | 1.79米 |
| 高度 | 2.13米 |
| 重量 | 2.2吨 |
| 最大速度 | 160千米/时 |
| 相关简介 | |

前脸特写

尾部特写

加装拖斗的"狼"式越野车

### 趣味小知识

路虎（Land Rover）是英国一家古老的汽车公司，罗孚（Rover）是北欧的一个民族，由于罗孚民族是一个勇敢善战的海盗民族，所以路虎汽车商标采用了一艘海盗船，张开风帆象征着公司乘风破浪、所向披靡的大无畏精神。

Chapter 01 军用车辆概述

## 德国乌尼莫克 U4000 卡车

乌尼莫克 U4000 卡车是德国梅赛德斯 - 奔驰公司生产的乌尼莫克军民两用卡车系列中的代表车型，有 4×4 和 6×6 两种版本。

| 基本参数 | |
|---|---|
| 长度 | 4.9 米 |
| 宽度 | 2.13 米 |
| 高度 | 2.19 米 |
| 重量 | 2.9 吨 |
| 最大速度 | 96 千米/时 |
| 相关简介 | |

### 研发历史

"乌尼莫克"卡车诞生于 20 世纪 40 年代中后期，其名称来源于德语"泛用自行机具"。该车最早的设计目的是低速农用牵引机，后由于"乌尼莫克"卡车卓越的越野性能，因此包括德国、瑞士、南非、荷兰和新西兰在内的 80 多个国家都把它用于军事用途，如改装成装甲运兵车或牵引坦克运载车。"乌尼莫克"卡车衍生型号极多，乌尼莫克 U4000 是其中颇具代表性的一种。

### 实战性能

乌尼莫克 U4000 卡车采用全钢驾驶室，有两座单排驾驶室、三座单排驾驶室或六座双排座驾驶室可供选择。由于采用了"门式传动"技术，使得轮轴和传动轴的位置要高于轮胎中心，因此乌尼莫克 U4000 卡车拥有比一般"悍马"装甲车更高的离地距离。乌尼莫克 U4000 卡车还使用了柔性车架，车轮在垂直方向上有较大的活动空间，这样当车辆在异常崎岖的地形甚至是 1 米高的石头上行驶时仍能保持较为舒适的驾驶状态。该车的空滤高度几乎没过车顶，这是为了满足涉水需要而设计的。

#### 趣味小知识

当车辆行驶在水中或泥泞路况时，标准版本的乌尼莫克 U4000 卡车可提供 0.8 米的涉水深度，通过选装，涉水深度可达到 1.2 米。

# 日本 73 式大型卡车

73 式大型卡车是日本五十铃汽车公司设计并生产的大型军用卡车，1973 年开始服役。

驾驶席特写

仪表盘特写

## 研发历史

73 式大型卡车于 1973 年开始批量生产，经过不断改良，时至今日已经发展到第八代。这种卡车不仅具备六轮驱动、车身高、特殊的进排气系统等特点，还拥有远胜于民用卡车的越野能力。截至 2019 年 4 月，73 式大型卡车仍在服役。

### 基本参数

| | |
|---|---|
| 长度 | 7.15 米 |
| 宽度 | 2.48 米 |
| 高度 | 3.08 米 |
| 重量 | 8.57 吨 |
| 最大速度 | 105 千米/时 |
| 相关简介 | |

## 实战性能

73 式大型卡车与一般军用卡车的构造基本相同，由车头和货斗两部分组成，货斗使用帆布包覆。一般卡车的最小离地间隙最多为 240 毫米，而 73 式大型卡车达到了 330 毫米。73 式大型卡车被日本自卫队用来运输人员和物资，在恶劣路况上行驶时的标准载重量为 3.5 吨，在一般公路等平地上行驶时的最大载重量为 6 吨。

## 趣味小知识

73 式大型卡车具备向前线阵地和坦克等补给物资的越野能力、涉水性能，以及从后方向前线高速运输物资的高速连续行驶性能。

## 日本 73 式吉普车

73 式吉普车是日本三菱重工研制的一款军用吉普车,于 1973 年开始服役。

仪表盘特写

备胎特写

### 研发历史

20 世纪 70 年代,日本自卫队需要一款替代老式军用轻型卡车的小型车辆。于是,三菱重工生产了一款威利斯吉普授权的轻型越野指挥车。经过测试定型后,于 1973 年进入日本自卫队服役并命名为 73 式吉普车。1997 年,三菱重工推出了新款 73 式吉普车。老款 73 式吉普车的外观与美军威利斯吉普外观相似,而新款 73 式吉普车的外观则为全新研发。73 式吉普车能装载各种重物,也可牵引火炮,使用率比高机动车还高。

| 基本参数 | |
|---|---|
| 长度 | 4.14 米 |
| 宽度 | 1.76 米 |
| 高度 | 1.97 米 |
| 重量 | 1.94 吨 |
| 最大速度 | 135 千米 / 时 |
| 相关简介 | |

### 实战性能

73 式吉普车采用三门六座(最后第三排座椅为横向折叠设计,较前两排座椅尺寸较小)设计,前风窗框架可向前翻倒(或拆除),车顶软棚以及前后车门上半部可拆卸,便于空投和空运。该车采用三幅式方向盘,双炮筒仪表,拥有空调设备,全车所有灯具均可单独更换。除驾驶员外,还可运载 5 名步兵。73 式吉普车的固定武器是 1 挺 7.62 毫米 FN Minimi 机枪,也可换装其他机枪,或者换装反坦克导弹、无后坐力炮和榴弹发射器等武器。

#### 趣味小知识

73 式吉普车的密闭式车体能增强乘员的安全感和减轻疲劳感,还能防护一些化学武器的伤害。

# 参 考 文 献

[1] 李大光. 世界著名战车[M]. 西安：陕西人民出版社，2011.
[2] 张翼. 重装集结：二战德军坦克及变型车辆全集[M]. 北京：人民邮电出版社，2012.
[3] 克里斯多夫·福斯. 简氏坦克与装甲车鉴赏指南（典藏版）[M]. 北京：人民邮电出版社，2012.
[4] 杰克逊. 坦克与装甲车视觉百科全书[M]. 北京：机械工业出版社，2014.
[5] 潘晓滨. 战地先锋：二战德国半履带装甲车全史[M]. 北京：中国长安出版社，2014.

# 世界武器大全系列

# 新军迷系列丛书

别告诉我你懂军事（舰船篇）

别告诉我你懂军事（陆战篇）

别告诉我你懂军事（战机篇）

别告诉我你懂军事（空战篇）

别告诉我你懂军事（枪械篇）

别告诉我你懂军事（特种部队篇）

别告诉我你懂军事（经典战役篇）

别告诉我你懂军事（冷兵器篇）

别告诉我你懂军事（反恐篇）